中小企業が主役の地域活性化

一般財団法人 商工総合研究所

はじめに

少子高齢化・人口減少、経済のグローバル化などが進行するなか、2014年5月に「日本創成会議」の人口減少問題検討分科会が発表した提言「ストップ少子化・地方元気戦略」は、各方面に大きな反響を呼び起こしました。その後、政府は「まち・ひと・しごと創生本部」を設置し様々な施策を打ち出し、都道府県・市町村においても地方人口ビジョンや地方版総合戦略が策定されるなど、「地域活性化」は日本経済が持続的な成長を成し遂げる上で、喫緊の課題となっています。

こうしたなか、商工総合研究所においても「中小企業と地域活性化」に関して様々な視点から調査研究を進めて参りました。本書はその成果を取りまとめたものです。

本書は4章構成となっており、第1章では、総論として地域経済の動向について、付加価値・雇用・生産性の面から分析を行いました。第2章では、新しい産業集積として注目されている産業クラスターの構築による地域活性化について、第3章では、地域経済において大きなウエートを占めている中小サービス業の経営革新による地域活性化について、第4章では中小企業の集合体である中小企業組合による地域活性化について、事例を交えながら紹介しました。最後に参考として、欧州における地域活性化のための中小企業政策について概観しました。

地域経済の担い手として中小企業は大きな役割を果たしています。本書で取り上げているのは、いずれも中小企業がそれぞれの地域の中心となって取り組んでいる地域活性化であり、まさに本書のタイトルでもある「中小企業が主役の地域活性化」です。

本書の執筆にあたっては、ご多忙中にもかかわらず、中小企業や組合、支援機関の皆様など、多くの方々にご協力をいただきました。心よりお礼申し上げます。本書が、中小企業経営者の皆様をはじめ、行政機関、中小企業関係機関、中小企業研究に携わる方々のお役に立てれば幸いです。

平成二十九年二月

一般財団法人　商工総合研究所

理事長　江崎　格

目次

目次

目次

参考　欧州にみる地域活性化のための中小企業政策……203

目次

第１章 地域経済の生産・就業構造

わが国では少子高齢化・人口減少が始まっているが、特に地方においては都市部に先行して高齢化と人口減少が進み、また都市部への人口流出も進んでいるといわれている。こうした中、政府は２０１４年９月、内閣に「まち・ひと・しごと創生本部」を設置した。同本部では、人口急減・超高齢化というわが国が直面する大きな課題に対し政府一体となって取り組み、各地域がそれぞれの特徴を活かした自律的で持続的な社会を創生することを目指して、地方の民間企業の活躍を後押しする施策を盛り込んだ地方創生の具体策を発表している。また２０１６年３月には、各地域において広域地方計画が公表された。

現在、地域経済はどのような状況にあり、どのような課題に直面しているのか。ここでは、地域経済の生産・就業構造について、地域が生み出す付加価値や、それを担う産業、そして生産活動に従事する就業者の動向などの視点から分析する。特に、地域経済の中での中小企業の位置付けに焦点を当てるとともに、就業者の地域別将来推計や、地域経済の将来像についても触れる。

1 地域が生み出す付加価値

はじめに、地域が生み出す付加価値についてみる。ここでは、内閣府が発表している「県民経済計算」を用いて、地域別の付加価値等の分析をする。ところで各都道府県の経済指標を計量的に捉える場合、県民を基礎に置くか（属人概念）、県という地域を基礎に置くか（属地概念）で、付加価値等の額が異なる。「県民」総生産という場合は、県民が生み出した付加価値を指し、「県内」総生産という場合は、県内で生み出された付加価値を指す。「県民」と比べると「県内」は、そこで活動する企業に着目して分析する場合には使いやすいことから、以下、「県内」総生産を中心にみていくこととする。なお、各地域の範囲は以下の通りである。

北海道：北海道
東北：青森県、岩手県、宮城県、秋田県、山形県、福島県
関東：茨城県、栃木県、群馬県、埼玉県、千葉県、東京都、神奈川県
中部：新潟県、富山県、石川県、福井県、山梨県、長野県、岐阜県、静岡県、愛知県
近畿：三重県、滋賀県、京都府、大阪府、兵庫県、奈良県、和歌山県
中国：鳥取県、島根県、岡山県、広島県、山口県
四国：徳島県、香川県、愛媛県、高知県
九州：福岡県、佐賀県、長崎県、熊本県、大分県、宮崎県、鹿児島県、沖縄県

（1）名目県内総生産は低迷

地域経済の生み出す付加価値を県内総生産でみると、２０１２年度の県内総生産（名目）の総額は５００・２兆円である。地域別には、北海道18・１兆円（全国に占めるシェア３・６％）、東北31・２兆円（６・２％）、関東１８８・６兆円（37・７％）、中部88・４兆円（17・７％）、近畿85・２兆円（17・０％）、中国27・７兆円（５・５％）、四国13・５兆円（２・７％）、九州47・５兆円（９・５％）となっている（**図表Ⅰ－１**）。

これに対し、約30年前、１９８０年度には、県内総生産の総額は２４６・４兆円であったが、各地域のシェアをみると、北海道４・３％、東北６・６％、関東34・０％、中部17・３％、近畿18・６％、中国６・２％、四国２・９％、九州９・９％となっている。この間の各地域の相対的な変化をみていくと、各地域のシェアの変化幅は関東（＋３・７％ポイント）に対し、北海道（▲０・７％ポイント）、東北（▲０・４％ポイント）、中部（＋０・４％ポイント）、近畿（▲１・６％ポイント）、中国（▲０・７％ポイント）、四国（▲０・２％ポイント）、九州（▲０・４％ポイント）である。関東の経済規模が拡大し、その他の地域ではほとんど縮小しているが、特に近畿の経済規模の縮小が目立つ。中部はむしろ拡大している。この背景には、この間

（図表Ⅰ－１）地域別の名目県内総生産

		北海道	東北	関東	中部	近畿	中国	四国	九州	（全国）
名目県内総生産	2012年度（兆円）	18.1	31.2	188.6	88.4	85.2	27.7	13.5	47.5	500.2
構成比		3.6%	6.2%	37.7%	17.7%	17.0%	5.5%	2.7%	9.5%	100.0%
構成比の変化	1980-2012	▲0.7	▲0.4	＋3.7	＋0.4	▲1.6	▲0.7	▲0.2	▲0.4	
過去のピーク	年度	1996	2000	2007	2007	1996	2007	2001	2007	2007

（資料）内閣府「県民経済計算」

の東京一極集中の進展や、中部地域における自動車産業などの発展があるものと思われる。

実際の県内総生産の額の推移を追っていくと、北海道、東北、中部、近畿、中国の各地域は1996年度に、九州は1997年度に、四国は1998年度に一旦、県内総生産がピークを迎え、その後は一進一退を繰り返すようになってきている。これに対し、関東はこの間、ほぼ一貫して成長を持続した。バブル崩壊後、特に1990年代後半からは関東だけが成長を維持してきたことが、関東と他の地域との格差、前述のシェアの変化をもたらしたものと思われる。

また、2000年代の景気回復期においては、さらに格差が拡大していった。関東が景気回復に伴って成長（県内総生産が増加）したのに対し、他の地域をみると、増加する地域がある一方で、横ばいあるいは減少する地域も現れ、ばらつきが目立ってきた。デフレ経済が続く中、関東と中部だけは名目でプラス成長を維持できたものの、他の地域は伸び悩み、北海道、東北、近畿および四国では過去のピークを上回ることなく推移した。県内総生産のピークはそれぞれ、北海道1996年度、東北2000年度、近畿1996年度、四国2001年度であり、ピーク時点から2012年度までの下落率をみると、北海道が▲13・5％と大きく、東北▲11・0％、近畿▲9・8％、四国▲8・5％である。その他の地域（関東、中部、中国、九州）は景気回復に伴って県内総生産が増加し、2007年度に過去のピークを更新している。その後は、リーマンショック・世界同時不況により各地域ともに県内総生産が減少したが、影響を強く受けたのは中部で2007年度から2009年度にかけて▲11・6％となった。また、中国も同時期に▲9・

7%となっている。

以上が名目での各地域の県内総生産の動向である。各地域とも1990年代までは成長が持続してきたが、1990年代半ば以降は多くの地域で横ばいないし減少に転じた。この間一貫して成長を維持したのは関東だけであり、中部も健闘しているが、その他の地域では成長が止まり、北海道、東北や近畿の低迷が目立っている。

(2) 実質県内総生産は増加

2000年代、わが国はデフレ経済に陥った。デフレ経済では、実質的に経済が成長していても、名目ではマイナスになることもあり得る。実質でみると、各地域の様相は異なってくるのであろうか。以下では、実質県内総生産の動きをみることとする。

各地域の実質県内総生産の推移を試算してみると、バブルが崩壊した1992年度には関東、中部、近畿の3地域がマイナス成長に陥り1993年度も連続してマイナス成長となったが、その他の地域はプラス成長を維持した。(注1) その後も、北海道、東北、四国、九州の各地域は1996年度までプラスを維持しており、中国も1993年度以外はプラスであった。こうしてみると、バブル崩壊で大きな影響を蒙ったのは主に大都市圏であり、それ以外の地方圏ではバブル崩壊後もおおむね堅調さを維持したといえよう。ただ、1990年代半ば以降は、関東が回復してきたのに対して、その他の地域では一進一退となるところが目立ってきた。

１９９７年度は全ての地域がマイナスとなったが、その中で関東（▲０・１％）、九州（▲０・３％）では落ち込みが軽微であったのに対し、北海道（▲２・６％）、近畿（▲２・５％）などは大きなマイナスとなった。ＩＴ景気の２０００年度には全地域でプラス、ＩＴ不況の２００１年度には北海道以外の全地域でマイナスとなっている。２０００年代にはわが国はデフレ経済に陥ったが、２００２年度以降の景気回復期においては、緩やかではあるものの大半の地域で実質プラス成長が続いた。景気の谷である２００２年度からリーマンショック前の２００７年度までの実質県内総生産の伸び率をみると、北海道と四国以外の地域はすべてプラス成長が持続した。四国も２００２、２００５年度を除くとプラス成長であった。この間、厳しい状況にあったのは北海道だけで、２００４年度以外はすべてマイナス成長が続いた。こうしてみると関東以外の地域においても、実質ベースでは北海道以外は概ね成長してきていることがわかる。この時期、各地域において景気回復の実感が伴わなかったのは、名目ベースの経済成長、県内総生産の伸びが横ばいないしマイナスであったことが影響していると思われる。なお、リーマンショック・世界同時不況から概ね脱した２０１０年度には、全地域が実質プラスとなった。２０１１年度も、東日本大震災に見舞われた東北以外の地域はすべてプラスとなっている。東北も復興需要等から２０１２年度には大きくプラスに転じた。

（３）サービス業の構成比が高い

わが国では、趨勢的な傾向としてサービス経済化が進んでおり、一方では新興国の台頭による国際競争の激化等を背景に製造業の地位の低下が指摘されてきた。こうした状況にあって、各地域の県内総生産はどのような産業が担って（生み出して）きているのか、以下では産業別に県内総生産の動きをみていくこととしたい。

２０１２年度の県内総生産の構成比をみると、まず全国平均では第１次産業１・１％、第２次産業23・５％、第３次産業（政府サービス含む）74・９％である。また産業の中では製造業18・２％、建設業５・２％、卸小売業13・５％、運輸業４・８％、サービス業19・６％などとなっている。製造業の構成比は２割を下回り、サービス業は卸小売業よりも構成比が高い。政府サービス生産者（政府サービス）は８・９％である（**図表Ⅰ－２**）。

これを地域別にみると、北海道では、第１次産業、第３次産業の構成比が全国に比べ高く、第３次産業では政府サービスの構成比が高い一方、第２次産業の構成比が低い。産業別には、特に製造業が８・６％と低いのに対し、建設業７・０％、運輸業６・８

（図表Ⅰ－２）地域別の実質県内総生産（産業別）

2012年度構成比	北海道	東北	関東	中部	近畿	中国	四国	九州	（全国）
第1次産業	3.8%	2.6%	0.5%	1.0%	0.5%	1.1%	2.2%	2.1%	1.1%
第2次産業	15.7%	24.3%	18.9%	33.7%	24.4%	28.3%	24.1%	20.2%	23.5%
（製造業）	8.6%	15.0%	14.2%	28.4%	20.1%	23.4%	18.9%	14.4%	18.2%
（建設業）	7.0%	9.1%	4.7%	5.1%	4.3%	4.8%	5.1%	5.6%	5.2%
第3次産業	80.2%	72.8%	80.2%	64.5%	74.2%	70.1%	73.1%	76.8%	74.9%
（卸小売業）	13.9%	11.6%	15.7%	11.2%	13.2%	11.4%	11.3%	12.4%	13.5%
（運輸業）	6.8%	4.4%	4.5%	4.8%	5.1%	4.7%	4.8%	5.4%	4.8%
（サービス業）	22.1%	19.1%	19.9%	17.1%	20.0%	18.7%	20.0%	22.2%	19.6%
〈民間産業〉	83.7%	84.9%	90.1%	89.1%	89.0%	86.7%	85.4%	85.0%	88.4%
〈政府サービス〉	13.9%	12.6%	7.6%	8.1%	7.8%	10.5%	11.7%	11.4%	8.9%

（資料）内閣府「県民経済計算」

%、サービス業22・1%の構成比が高い傾向にあり、建設、運輸、サービスに依存した構造である。なお、農業や水産業など第1次産業の割合が3・8%と他の地域より高いことも特徴の一つである。製造業では、食料品や紙・パルプなど第1次産業に関連する製造業の構成比が高いが、機械関連業種は低い。

東北は、第1次産業、第2次産業の構成比が比較的高く、第3次産業はやや低いのが特徴である。また、政府サービスが12・6%と構成比が高く、産業の中では製造業が15・0%なのに対し、建設業9・1%となっている。ただし、製造業が低く建設業が高いのは東日本大震災による製造業の被災と、その後の復興需要が影響しているとみられ、震災前の2010年度では製造業16・6%、建設業5・9%であった。なお、農業の比率も北海道同様に比較的高いが、これは米の生産が多いことによるものである。製造業では非鉄金属や機械関連の比率がやや高いが、これは電子部品・デバイスや輸送用機械が多いためで、これらは東北におけるリーディング産業といわれている。

関東では、第1次産業が低く、また第2次産業の構成比もやや低く、第3次産業の構成比が高いことが特徴である。また、政府サービスは7・6%で、産業の中では製造業14・2%、建設業4・7%が低く、卸小売業15・7%が高い。他の地域と比べると、金融保険業や情報通信業などの構成比が高くなっているのが特徴的である。なお情報関連では、映像・音声・文字情報制作業や情報サービス業で全国的に高いシェアを占めている。

中部は、第１次産業は全国並みであるが第２次産業の構成比が非常に高い。このため第３次産業が相対的にかなり低くなっていることが特徴である。また、政府サービスは８・１％で関東と構成比が似ているが、産業の中では製造業が28・４％と圧倒的に高いのが特徴である。一方、サービス業は17・１％と低い。製造業ではいうまでもなく輸送用機械の比率が圧倒的に高く、また一般機械、電気機械の比率も高くなっており、機械産業を中心に付加価値を生み出している。

中部のうち特に東海地方においては、第２次産業が他の地域と比較して突出して高く、「日本の生産基地」といわれている。自動車・同部品や工作機械など輸出依存度の高い産業が多いのが特徴で、海外経済や為替市場の動向の影響を受けやすいとの指摘がある。一方、中部のうち北陸地方では、経済活動別にみると全国とほぼ同様の構成比で、製造業では輸送用機械が低い一方、電子部品・デバイス、化学、生産用機械、金属製品が高い。

近畿は、第１次産業が低く、第２次産業の構成比は全国よりやや高めで、第３次産業はほぼ全国並みである。また、政府サービスは７・８％となっており、関東、中部とほぼ同じ構成比であるが、産業の中では製造業が20・１％と関東よりも高い。他の産業は全国平均とほぼ同じ構成である。製造業では鉄鋼や金属製品などが比較的高く、一般機械や電気機械の比率も全国比でみると高めである。どちらかといえば素材型産業の構成比が高い反面、輸送用機械などの加工組立型産業の構成比はやや低いが、東大阪市など中小企業の構成比が高い地域が存在する。

中国は、第１次産業は全国並み、第２次産業の構成比が全国より高い一方、第３次産業はやや低い。また、政府サービスは10・5％と若干構成比が高い。産業の中では製造業が23・4％と高く、その構成比は中部に次いで第2位の高さである。一方、卸小売業11・4％、サービス業18・7％などは全国平均より低めである。製造業の中では、化学、石油・石炭、鉄鋼などの基礎素材型業種の構成比が高く、加工組立型業種では輸送用機械（自動車、造船）の構成比がやや高い。

四国は、第1次産業と第2次産業の構成比が全国より高く、第3次産業が低くなっている。また、政府サービスは11・7％と構成比が高く、産業の中では製造業が18・9％とほぼ全国並みであり、一方で卸小売業が11・3％と低い。また、農業や水産業の構成比が全国よりやや高くなっている。製造業では概ね素材型産業が中心で、特に紙・パルプや化学に特化しており、その比率は各地域の中で最も高い。なお発光ダイオードなど特定品目で生産シェアが世界トップクラスの企業もある。

九州は、第1次産業はやや高め、第2次産業はやや低めで、第3次産業が高くなっている。また、政府サービスは11・4％で構成比が若干高い。産業の中では、製造業が14・4％と低いが、サービス業は22・2％とやや高い。製造業の中では、構成比が目立って高い業種はないが、素材から加工まで幅広く存在している。農業の構成比はやや高くなっている。

九州の北部では、北九州工業地帯など製造業が集積している地域があるものの、一方で福岡市など大都市部を擁していることから、卸小売業の構成比がやや高くなっており、製造業の構成比は低めである。また、九州の南部では、農業、特に畜産のウエートが高く、製造業では食料品の構成比が高い。沖縄は、第2次産業の構成比が低く、第3次産業が突出して高いことが特徴であり、また、第2次産業の中では建設業の構成比は高いが製造業の構成比は極めて低い。第3次産業ではサービス業の割合が特に高い。

このように地域別にみると、地方圏で政府サービスの構成比が高めであること、製造業は地域によって大きな差がある一方サービス業は押しなべて各地域ともに高い構成比であること、などの特徴がみられるが、各地域ともに独自の経済構造を構築しているといえる。

なお地方圏で政府サービスの構成比がやや高めであることは、問題なしとはいえないだろう。わが国では財政が悪化し、財政再建が急務となっており、今後も公共事業などが抑制、縮小されることが予想されることから、北海道など経済活動別にみたときに政府サービスの構成比が高い地域が、従来のような経済活動別構成のままで推移すると、総じて地方圏の県内総生産の縮小に直結する可能性が大きい。公共事業などにあまり依存しない、各地域独自の民間産業の発展が必要とされる。

2　地域における雇用の動向

（1）就業者が先行して減少

地域が生み出す付加価値である県内総生産は、その地域が有する労働力や資本などの生産要素によって決定される。上記のように各地域の県内総生産に格差が生じてきた背景には、各地域の労働力や資本の違い等があると考えられる。そこで次に、労働力や資本などの生産要素がどのように推移してきたのかをみたい。

まず、労働力であるが、2012年度における全国の人口は1億2752万人で、うち働いている人（就業者）は6077万人であった。就業者を地域別にみると、関東が2039万人（全国の34％）で、次が中部1143万人（19％）、以下、近畿1006万人（17％）、九州676万人（11％）、東北433万人（7％）、中国359万人（6％）、北海道235万人（4％）、四国186万人（3％）の順となっている。大都市圏では、関東が最多なのは当然であるが、中部と近畿を比較すると、就業者は中部が多いのに対して、人口では近畿（2268万人）の方が中部（2160万人）よりも多くなっているのが特徴的である。この人口や就業者について地域別の推移をみていくと、各地域ともに既にピークを過ぎ、減少しつつある。特に就業者は各地域とも1990年代、ほぼ同時にピークを迎え減少に転じた。全国の就業者のピークは1996年度（6566万人）であったが、地域別には、北海道（288万人）と中国（406万人）、九州（710万人）が1995年度にピークとなり、残りの地域もすべて1996年度にピークを迎えている。そして、各地域とも途中景気変動等による増減はあるものの、2012年度に至るまで概ね減少傾向が続いている。

各地域の就業者構成比は、人口同様に関東が上昇してきたが、中部も上昇しているのが特徴的である。また、総じてみると就業者の地域間の変動幅は人口の変動幅より大きくなっている。１９７５年度から２０１２年度までの就業者構成比の変動幅は、関東の＋４・９％ポイント、中部の＋０・４％ポイントに対し、北海道▲０・８％ポイント、東北▲１・６％ポイント、近畿▲０・９％ポイント、中国▲１・０％ポイント、四国▲０・７％ポイント、九州▲０・３％ポイントである。

国全体のみならず、地域別にも、人口の増加はピークを迎え、さらに就業者ベースでは総人口より早く、既に20年も前に各地域でピークを迎えていたことになる。こうした就業者の伸び悩み、減少が、各地域の付加価値の生産、県内総生産にマイナスの影響を及ぼしてきたものと推測される（図表Ⅰ－３）。

(2) 中小企業従業者の減少続く

以下では、中小企業の地域別の動向について、事業所・企業統計調査、経済センサスや就業構造基本調査によりみていくこととする。

（図表Ⅰ－３）地域別の人口・就業者

		北海道	東北	関東	中部	近畿	中国	四国	九州	(全国)
人口										
2012年度	万人	546	915	4,263	2,160	2,268	750	393	1,455	12,752
構成比		4.3%	7.2%	33.4%	16.9%	17.8%	5.9%	3.1%	11.4%	100.0%
構成比の変化	1975-2012	▲0.5	▲1.0	+4.1	▲0.3	▲0.5	▲0.7	▲0.5	▲0.6	
過去のピーク	年度	1997	1996	2011	2008	2004	1995	1985	2001	2010
就業者										
2012年度	万人	235	433	2,039	1,143	1,006	359	186	676	6,077
構成比		3.9%	7.1%	33.6%	18.8%	16.5%	5.9%	3.1%	11.1%	100.0%
構成比の変化	1975-2012	▲0.8	▲1.6	+4.9	+0.4	▲0.9	▲1.0	▲0.7	▲0.3	
過去のピーク	年度	1995	1996	1996	1996	1996	1995	1996	1995	1996

（資料）内閣府「県民経済計算」

① 中小企業の事業所数

まず、各地域の中小企業の地位についてみる。経済センサス基礎調査（２０１４年）によると、２０１４年7月時点の事業所の総数は５５５万で、うち従業者３００人未満の中小企業（事業所）は５５１万、構成比は99・４％である。なお、中小企業のうち零細規模（30人未満）の事業所（零細事業所）は５１７万（93・２％）であった。これを地域別にみると、全ての地域で中小企業の構成比は99％以上で、うち零細事業所は92％以上である。中小企業の事業所数の比率には地域による差はほとんどないが、むしろ問題なのは中小企業が各地で軒並み大幅に減少してきていることである。

事業所数の過去からの推移をみると、１９８１年には全国で６４４万の事業所が存在し、中小企業は６４３万であった。当時、事業所はまだ増加傾向にあり、１９９１年には全体で６７１万、うち中小企業６７０万となったが、これ以降、事業所数は減少に転じた。従業者規模別にみると、大企業（３００人以上）は１９８１年の９千社から１９９１年は１万社となり、その後も増加して２０１４年には1万3千社となっており、この間減少してきたのはもっぱら中小企業である。地域別にも全ての地域で中小企業が減少しており、また各地域ともに足元で下げ止まりの様子はみられない。

なお、中小企業の中で二極化する傾向がみられる。零細事業所が全体で１９９１年の６３９万から２０１４年は５１７万に減少してきたのに対し、零細以外の中小事業所（30～２９９人）は、

１９９1年の30万から２０１４年は34万に増加している。数でみた場合には地域別にばらつきがあり、北海道と東北ではあまり増加していないが、構成比では北海道、東北を含め全ての地域で零細以外の中小事業所の比率が上昇してきている。国の調査が事業所統計から経済センサスに移行した後も、２００９年と２０１４年を比較してみると、零細事業所の減少、零細以外の中小事業所と大企業の増加、という傾向は続いている。こうした事業所の動向を背景として、中小企業の従業者はどのように推移してきたのかについて次にみる。

② 中小企業の従業者数

従業者の推移を規模別にみると、まず全国・全事業所の従業者は、１９９６年まで増加してきたが、１９９６年をピークに減少に転じ、その傾向は概ね最近まで続いている。１９８１年には４９８１万人であったが、１９９６年には６００９３万人まで増加した後、減少に転じた。調査が事業所統計から経済センサスへ移行した２００９年には、前回調査（２００６年事業所統計）より増加したが、２０１４年には２００９年比で減少している。これを規模別にみると、中小事業所は全体の傾向とほぼ同じ推移を辿った。１９８１年には４３６６万人であったが、１９９６年には５３４４万人まで増加し、以降は減少、２０１４年時点では５１４０万人である。一方、大企業はこの間、概ね増加してきている。１９８１年には６１５万人であったが１９９６年には７４９万人となり、２００１年には７００万人と若干減少したが、２００６年以降は再び増加し、経済センサスへの移行後も増加傾向にあり、2014年には907万人となった。なお、従業者が減少しているのは零細事業所であり、零細以外の中小事業所では大企業同様、2001年に一時減少したものの2014年まで概ね増加傾向が続き、1981年の1619万人から2014年には2256万人となった。このように、全国ベースでは事業所数と同様、零細事業所の従業者の減少、零細以外の中小事業所と大企業の従業者の増加、という傾向にある。従業者全体に占める構成比をみると、1981年から2014年にかけて、零細事業所が▲7・4%ポイント(55・1%→47・7%)となったのに対し、零細以外の中小事業所は+4・8%ポイント(32・5%→37・3%)、大企業は+2・6%ポイント(12・4%→15・0%)と、それぞれ上昇した。

これを地域別にみると、まず全体では1996年まで増加し、その後は減少という傾向が大半の地域で共通してみられる。ただ関東だけは、1996年をピークに一旦減少した後、最近は再び増加しており、2009年の2105万人から2014年には2115万人となった。なお、2009年からの統計変更に留意しつつ、過去のピークの1996年と最近時点の2014年の従業者を地域別に比較してみると、全体で▲0・8%であるのに対し、関東(+5・5%)と九州(+1・7%)が増加、それ以外の地域が減少している。特に大幅に減少しているのは北海道(▲10・4%)で、東北(▲8・6%)や四国(▲7・5%)も比較的減少幅が大きいが、一方中部(▲2・1%)は減少幅が小さい。

次に企業規模別に各地域の動向をみると、まず大企業の従業者が増加する傾向が全ての地域でみられる。一方、中小企業については、関東も含めてすべての地域で、概ね減少傾向にある。その推移を追うと、１９８１年から１９９６年までは各地域とも増加した。２００１年には減少に転じ、２００９年の統計の変更時に増加、２０１４年には再び減少、という全体の動きと同じ推移を辿っている。関東の従業者についてみると、２０１４年は２００９年比で中小企業が減少したものの、大企業の増加がそれを上回ったために、全体として従業者が増加するという結果となった。ここで、全体と同様に中小企業の従業者について、１９９６年と２０１４年を地域別に比較してみると、中小企業全体では▲３・８％と減少し、地域別には関東（＋０・９％）以外のすべての地域で減少した。北海道（▲13・３％）、東北（▲10・２％）、四国（▲９・１％）の減少幅が大きく、中小企業の従業者の動きが前述した全体の動きに影響したことがわかる（**図表Ⅰ-4**）。

さらに、中小企業でも特に零細事業所で従業者数が大きく減少している。１９９６年から２０１４年まで中小企業全体では▲３・８％であったが、零細事業所は▲10・６％で、一方それ以外の中小事業所は＋６・４％となり１９９６年のピークを上回っている（２００９年比でも零細事業所▲４・７％に対し、それ以外の中小事業所＋０・７％）。零細事業所は、地域別にも関東を含めてすべての地域で減少しており、多くの地域で二桁減となった。特に、四国（▲15・１％）、北海道（▲13・８％）などで大幅に減少しているほか、大都市圏でも近畿（▲13・５％）で大きく減少している。一桁減にとどまったのは、関東（▲７・６％）と九州（▲６・８％）だけであった。これに対し、零細以外の中小事業所では、北海道と東北以外の地域で増加している。特に関東は＋12・8％と二桁の増加である。九州（＋8・6％）、中部（＋7・8％）も比較的高い増加率となったが、中国（＋1・8％）、四国（＋1・4％）ではあまり増えていない。北海道は▲12・5％、東北は▲6・8％であった。

　総じてみれば、関東が堅調さを維持してきたのに対し、北海道の低迷が目立っており、東北などもあまりよくない状況が続いた。一方、中部と近畿を比較すると、中部が堅調なのに対し近畿はあまり元気がない状況にあり、大都市圏でも従業者の動向にはややばらつきがみられる。

（図表Ⅰ－４）地域別の中小事業所の推移

		北海道	東北	関東	中部	近畿	中国	四国	九州	（全国）
中小事業所数のピーク	年	1991	1991	1991	1991	1991	1991	1991	1991	1991
従業者の増加率	1996-2014									
全従業者		▲10.4%	▲8.6%	+5.5%	▲2.1%	▲4.4%	▲4.4%	▲7.5%	+1.7%	▲0.8%
中小事業所従業者		▲13.3%	▲10.2%	+0.9%	▲4.3%	▲6.1%	▲7.0%	▲9.1%	▲1.1%	▲3.8%
零細事業所		▲13.8%	▲12.5%	▲7.6%	▲11.8%	▲13.5%	▲12.4%	▲15.1%	▲6.8%	▲10.6%
零細事業所以外		▲12.5%	▲6.8%	+12.8%	+7.8%	+5.2%	+1.8%	+1.4%	+8.6%	+6.4%
構成比	2014年									
中小事業所		90.2%	91.1%	79.8%	86.5%	85.6%	87.9%	91.0%	89.9%	85.0%
零細事業所		52.1%	53.9%	42.6%	49.2%	47.7%	51.0%	54.1%	52.8%	47.7%
男女別従業者の増加率	1996-2014									
中小・男性従業者		▲17.6%	▲14.2%	▲5.2%	▲8.2%	▲12.2%	▲10.6%	▲13.0%	▲6.2%	▲8.9%
中小・女性従業者		▲7.5%	▲5.1%	+9.4%	+0.7%	+2.0%	▲2.6%	▲4.7%	+5.0%	+2.9%

（資料）総務省「事業所・企業統計調査」、「経済センサス」

なお、大企業について若干触れておくと、過去のピーク（１９９６年）と比較して２０１４年には全体で＋21・１％と増加し、地域別には九州（＋35・４％）、関東（＋28・６％）、北海道（＋28・３％）の３地域が２割を超える増加となっており、他地域も近畿（＋６・８％）以外は二桁の増加である。

規模別に従業者の構成比をみると、全体では上記のとおり、零細事業所の構成比の低下、零細以外の中小事業所と大企業の上昇、という状況であったが、地域別にもすべての地域で同じ推移を辿った。中小企業従業者の構成比は２０１４年で関東が79・８％と８割を下回り、また零細事業所は、関東（42・６％）、中部（49・２％）、近畿（47・７％）と、大都市圏で１／２以下になっている。

こうした状況から、１事業所当たりの従業者数は増加してきた。ただこれは、もっぱら零細事業所の数が減り、その従業者が減少してきたことによる相対的な変化であり、零細以外の中小事業所や大企業では、１事業所当たりの従業者数に大きな変化はない。また地域別にも、どの地域も同じ状況である。

ここまで、全従業者についてみてきたが、男女別にみてみると、女性は増える傾向にあり、逆に男性は減る傾向がみられる。男女ともに１９９６年のピークから一時減少したが、２０１４年には、男性従業者が依然１９９６年を下回ったままであるのに対し、女性従業者は上回ってきた。

中小企業についても同様である。また、地域別にみると、男性は関東も含めてすべての地域で１

996年に比べ下回ったままである。これに対し女性は、関東、中部、近畿、九州の各地域で1996年を上回り、その他の地域で下回るという結果となった。なお大企業は、男女ともにほとんどの地域で増加したが、その中で近畿だけが男性従業者が減少し（1996年比▲6・9％）、一方女性は全ての地域で二桁増であった。

（3）サービス業が雇用を支える

次に、就業構造基本調査で、主な産業について有業者の最近の動きをみてみたい。ここでは、全産業、製造業、非製造業と、非製造業のうち代表的な卸小売業、建設業、サービス業について、それぞれ地域別に有業者の動向をみることとする。(注2) 2002年から2012年までの推移をみると、中小企業においては関東を含め全ての地域で有業者が減少している。また、製造業、非製造業に分けてみても、全産業と同様に全ての地域で減少している。卸小売業、建設業も同様で、唯一、サービス業だけは、減少していない地域がある。詳しくみると、まず全産業では2002年から2012年の間に中小企業の従業者は▲11・6％と減少したが、四国、東北、中国などでの減少率が大きい。また、製造・非製造に分けると、中小製造業の減少率が大きく、全国で▲19・0％となったが、東北、中部、四国では2割超の減少となった。中小非製造業は全国で▲9・8％、うち四国、東北、中国の減少率が大きい。中小非製造業の中では、中小卸小売業、中小建設業が各地域ともにほぼ2－3割減となっているのに対し、中小サービス業は全国で▲0・3％と、この間ほぼ横ばいの推移となった。地域別には、北海道、東北では減少率が比較的大きいが、関東、九州は増加し、近畿は横ばいであった。他の業種が概ね二桁減であることと比較すると、サービス業が堅調で、各地域の雇用を支えているように思われる（**図表Ⅰ‐５**）。

なお、大企業はサービス業以外でも増加している業種が多い。この間大企業で減少したのは建設業（全国で▲６・５％）だけで、製造業は＋１・６％、卸小売業＋８・１％、サービス業＋29・７％などとなっている。

①サービス業と地域経済

県内総生産を地域別にみると、地方圏での政府サービスの構成比が高めであること、製造業は地域によって大きな差がある一方、第３次産業、とりわけサービス業は押しなべて各地域ともに高い構成比であること、などの特徴がみられることを前に述べた。また雇用面でも、サービス業が各地域の雇用を支えている様子がみられる。大都市圏のみならず地方においても、サービス業の構成比が高いが、その背景には、サービス経済化によるサービス需要の増加のほかに、製造業にお

（図表Ⅰ－５）地域別の中小企業有業者（産業別）

	北海道	東北	関東	中部	近畿	中国	四国	九州	(全国)
増加率（2002-2012年）									
全産業	▲13.3%	▲15.8%	▲8.0%	▲12.9%	▲12.1%	▲14.9%	▲16.8%	▲11.6%	▲11.6%
製造業	▲12.9%	▲22.4%	▲17.9%	▲20.6%	▲19.7%	▲18.3%	▲20.2%	▲15.2%	▲19.0%
非製造業	▲13.4%	▲14.3%	▲5.9%	▲10.2%	▲9.8%	▲14.1%	▲16.1%	▲11.1%	▲9.8%
卸小売業	▲18.7%	▲24.3%	▲22.2%	▲21.6%	▲24.7%	▲28.2%	▲28.5%	▲25.0%	▲23.5%
建設業	▲34.7%	▲19.7%	▲17.7%	▲17.5%	▲25.8%	▲25.7%	▲26.9%	▲22.7%	▲21.6%
サービス業	▲5.6%	▲5.2%	+2.1%	▲2.6%	0.0%	▲1.0%	▲3.7%	+1.5%	▲0.3%

（資料）総務省「就業構造基本調査」

けるアウトソーシングの進展等が企業向けのサービス需要を拡大してきていることや、需要の変化や既存制度の改革等により新しいサービス産業が生まれてきていること、などが挙げられよう。

こうしたサービス業の特徴として、財を生産する製造業とは異なり、在庫を持てないことがある。サービス業は、付加価値の発生（提供）と消費が、空間的にも時間的にも同時に起きる、という大きな特性を持っている。言い換えると、多くの場合サービス業（企業）が存在する地域においてのみ付加価値の生産ができることである。この特性によって、サービス業は必然的に地域経済との関係が密接となるため、地域資源との関係では強みとなろう。ところでサービス業は一般に雇用吸収力があり、他の産業が減少してきている中でサービス業の雇用だけが増加しているが、その一方でサービス業の生産性は総じて低いことが指摘されている。地域の独自性、地域ブランドを活用して地域力を高める観光産業、コンテンツ産業など、サービス業の中には高い付加価値を実現する可能性を有するものが存在する。地域資源を活用しつつ、いかに高い付加価値を生み出すサービス業を育成するかが、これからの地域経済活性化につなげる一つの鍵ではあろう。

また、大都市圏よりも地方圏でサービス業の生産性が低いことも指摘されている。これは、大都市圏では、産業構造の高度化に伴い対事業所サービス業が成長し、概して生産性の低い対個人サービス業に比べてウエートが高まる傾向があるのに対し、地方圏では、対個人サービス業のウエートが高いことが影響しているためとされる。こうした地方圏のサービス業の生産性を高めるには、潜在的に高付加価値化の可能性を有するサービス業、例えば上記のような、地域資源を活用した観光産業やコンテンツ産業等を育成することにより対個人サービス業の生産性を高めるのが有効な方策であると思われる。もともと対個人サービス業は人を相手とするため、趨勢的に人口が減少することを前提とすると、地方圏は大都市圏に比べて不利な環境に置かれているといえる。この点、他地域（海外も含め）から人を呼び込む産業（観光等）であれば、そのマイナス面を克服できる可能性がある。もちろん、生産性の高い対事業所サービス業を育成することや、対個人サービス業全体の生産性を高めていくことも重要である。

②製造業の立地と雇用

製造業の雇用は、上記で述べたとおり各地域ともに中小製造業を中心に減少傾向にある。ここでは、製造業の都市圏や地方圏における工場立地の状況と、雇用との関係についてみることとする。

わが国の工場立地はバブル経済時に急増した後、バブル崩壊とともに減少した。この間の推移を工場立地動向調査でみると、1980年の2097件から1989年のピーク時には4147件と4千件を突破した。1990年からは減少に転じ、1999年には969件と1千件を下回ったが、21世紀に入ると、景気の回復に加え、地方自治体等による企業誘致が盛んとなったこともあり、再び増加傾向を辿った。立地件数は2002年の844件から、景気のピークとなった2007年には1791件まで増加した。しかしリーマンショック・世界同時不況の余波を受けて２００９年には急減し８６７件と再び１千件を下回り、その後も低調な推移が続いた。なお、２０１３年には１８７３件と久しぶりの高水準となったが、これは太陽光発電を目的とした電気業の工場立地が激増したという特殊要因が働いており、電気業を除く工場立地は８２９件と、依然として１千件を下回ったままである（**図表Ⅰ-６**）。

また、この間の工場

（図表Ⅰ－６）工場立地件数・雇用予定従業者数の推移

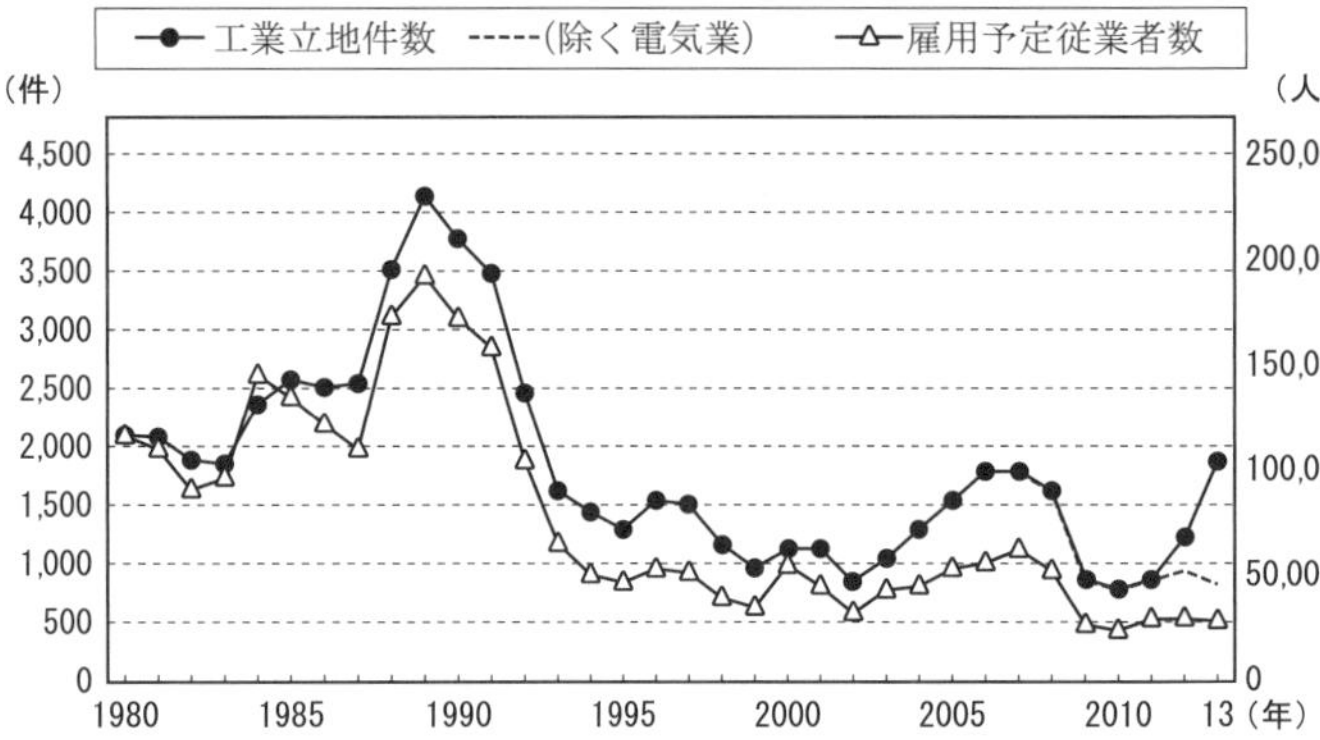

（注）工場立地件数は左目盛り、雇用予定従業者数は右目盛り

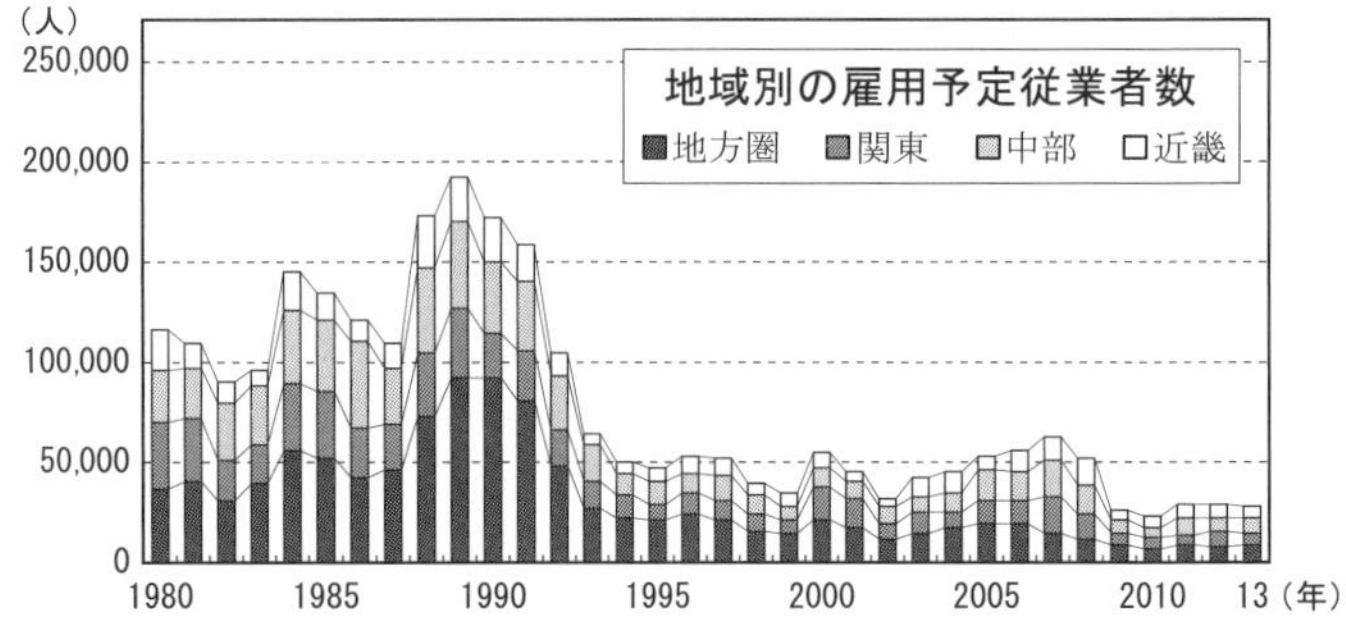

（資料）経済産業省「工場立地動向調査」
（注）地方圏は関東、中部、近畿以外の地域

立地に伴う雇用予定従業者数の推移をみると、1990年代までは立地件数とほぼ同じ傾向を辿ってきた。1980年には11・6万人であったが、バブル経済のピーク1989年には19・3万人まで増加した。その後はバブル崩壊とともに減少し、1993年には6・5万人と10万人を下回った。また21世紀に入ると、雇用予定従業者数はやや伸び悩みの傾向がみられるようになり、工場立地件数との間にはややかい離が生じている。このため、工場立地1件当たりの雇用予定従業者数は、バブル経済時には40人強であったが、バブル崩壊後、1990年代は30人台半ばとなり、21世紀に入ると30人前後へと低下してきている。

次に、地域別の推移について、ここでは大都市圏として関東、中部、近畿の3地域と、それ以外の地方圏に分けて立地件数の推移をみる。まず、バブル経済に至る1980年から1990年にかけては、地方圏の比率が高まった。地方圏は1980年の42・3%から1990年には53・2%と過半数を占めるに至っている。この間、比率が低下したのは関東であり、これらに比べ中部はほぼ比率を維持している。なお、近畿の比率は、低下はしなかったが総じて低い水準にとどまった。

その後、バブル崩壊とともに、全ての地域で立地件数は減少の一途を辿ったが、地域別には地方圏の比率が低下し、21世紀には30%台となった。これに変わって大都市圏である関東、中部、近畿は軒並み比率が上昇している。地域別の立地においては、中部のプレゼンスがほぼ一貫して高く、これに対し地方圏は21世紀に入り低下気味であるといえる。

資本金規模別にみると、1億円未満の中小企業がほぼ8割を占める。1990年の82・7％から2000年には75・4％と若干低下したが、2010年は80・5％となっている。また地方圏でみると、1990年85・0％、2000年76・8％、2010年83・3％と、常に全国平均を上回っている。これに対し、関東と近畿は、2000年までは中小企業の比率が低かったが、2010年には上昇した。一方、中部は逆に2000年までは中小企業の比率が高かったが、2010年には低下している。各地域ともに中小企業の工場立地が8割を占めていることからすれば、中小企業の果たす役割は従来から大きいといえるが、立地件数や雇用予定従業者数自体が低水準にとどまっていることは大きな課題である。

なお、21世紀に入ってからの景気回復期において、立地件数や雇用予定従業者数が以前のような水準に回復せず低水準にとどまった（さらにリーマンショック後は一段と低下した）ことについては、その背景に経済のグローバル化による国際分業体制の進展などがあると指摘されている。グローバル化に伴い特に大企業の生産拠点の海外移転が進んだが、国内で雇用を生み出していた労働集約型製造業が海外に移り、残ったのはあまり雇用を生まない資本集約型製造業であったという指摘である。特に中国をはじめとするアジア新興国の経済発展に伴い、従来国内にあった労働集約型製造業は、人件費コストの格差等により国内生産が不利となり、国内の工場立地の減少、そして雇用予定従業者数の減少をもたらしたと考えられる。こうした製造業の動向は、企業誘致による雇用の創出が以前ほどには期待しにくい状況になってきたことを意味している。

今後は、製造業単独での立地ではなく、地域の特性に応じた、産業クラスターや産学官連携のような、業種横断的な産業基盤、産業集積を構築（あるいは再構成）していく、といった方向性が求められるだろう。産学官に散在している人材や、他地域と比較して地域の優位性を活かせるような環境の整備が、企業誘致に当たっても必要条件となるものと思われる。工場立地では太陽光発電の立地案件が各地域ともに急増しているが、こうした新しい産業誘致の環境整備も一手法であろう。各地域ともに、製造業のみならずサービス業などの非製造業も含め業種横断的に雇用の確保を図っていくことが必要であり、さらにわが国では高齢化・人口減少が進展することを考えれば、各地域において魅力のある産業を育成し人材をつなぎとめる（さらには呼び込める）ことができるような戦略の策定と実行が求められよう。なお、近年、主として大企業製造業を誘致する地方公共団体による政策が一時盛んとなったが、これは高額補助金が地方財政を圧迫することや、恒久的な雇用増加とならないこと、再移転という問題が起きる可能性が残ることなどが、問題点として指摘されている。企業誘致よりは地場産業、産業クラスターの育成を促進するような立地政策・産業振興策が必要と思われる。

（４）将来推計―就業者数・事業所数とも減少

これまで、中小企業の事業所数や就業者数が減少してきている様子を地域別や産業別、規模別などでみてきたが、それでは将来はどのように推移することが予想されるのか。ここで、国立社会保障・人口問題研究所の「地域別将来推計人口」から就業者や事業所の今後の推移を推測してみたい。

①就業者数の推計

以下では同研究所の都道府県別の将来推計人口から、将来の就業者や事業所がどのように推移、減少していくのか、またその中で中小企業の就業者、事業所はどうなるかについて、前提条件を置き推計した。ここで、経済センサスでは2014年までの就業者が都道府県別に公表されていることから、この時点を基準にした。また上記の推計では、2020年から5年おきに2040年まで、生産年齢人口の推計をしていることから、足元の就業者と生産年齢人口の比率を用いて、将来の就業者を推計した。さらに、足元の1事業所当たり従業者数を用いて、将来の就業者数から逆算して事業所数を推計した。

その結果をみると、就業者全体では、2014年の6236万人から2030年には5509万人となり、2040年には4709万人と5千万人を下回る。これは過去にさかのぼると1978年頃の水準である。2014年比では▲24・5%で、就業者はほぼ3/4に減少する。就業者を地域別にみると、北海道が2014年の246万人から2040年には164万人へ、東北が420万人から281万人へと、いずれもほぼ2/3に減少する。四国も3割程度、その他の地域は2割程度それぞれ減少する。最も減少率が小さいのは東京を含む関東で、2014年の2

１７５万人から２０４０年には１７０８万人となり、２０１４年比▲21・５％である。

このうち中小企業の就業者数についてみると、全国では２０１４年の５１４０万人から、２０３０年には４５２７万人となり、２０４０年には３８６８万人と４千万人を下回る。２０１４年比では▲24・７％で、就業者は３／４に減少する。これを地域別にみると、北海道が２０１４年の２１１万人から２０４０年１４１万人へ、東北が３６６万人から２４５万人へと、いずれもほぼ２／３に減少する。その他の地域は全体の動きと同様で、最も減少率が小さい関東は２０１４年の１６８８万人から２０４０年１３２２万人、▲21・７％の減少である（図表Ⅰ－７）。

②事業所数の推計

次に事業所数を推計する。ここで、過去の１事業所当たり従業者数をみると、徐々に増加してきており、１９８０年代には８人であったが足元２０１４年では11人となった。

（図表Ⅰ－７）地域別の人口・就業者・事業所の将来推計

	北海道	東北	関東	中部	近畿	中国	四国	九州	（全国）
人口									
構成比（2040年）	3.9%	6.4%	35.4%	16.9%	17.7%	5.6%	2.8%	11.3%	100.0%
変化幅（2010-2040）	▲0.4	▲0.9	＋2.1	▲0.1	▲0.1	▲0.3	▲0.3	▲0.1	
就業者（万人）									
全体（2014-2040）	246→164	420→281	2,175→1,708	1,103→839	1,092→823	359→268	179→124	664→501	6,236→4,709
中小企業	211→141	366→245	1,688→1,322	930→705	910→685	305→228	157→109	573→433	5,140→3,868
事業所（万社）									
全体（2014-2040）	24.0→14.2	42.7→24.6	168.7→107.0	104.6→65.9	99.2→61.7	34.6→22.2	19.3→11.3	66.0→41.6	559.0→348.5
中小企業	23.5→13.9	42.0→24.2	166.7→105.7	103.3→65.1	97.9→61.0	34.1→21.8	19.0→11.1	65.0→41.0	551.5→343.8

（注）国立社会保障・人口問題研究所「地域別将来推計人口」から筆者推計

中小企業も同様の傾向にあり、１９８０年代の７人から２０１４年には９人となっている。このため、将来の推計に当たっては、このトレンドを都道府県ごとに延ばして１事業所当たり従業者数の推計値を置き、それをもとに事業所数を推計した。これによると、１事業所当たりの従業者数は２０４０年で13・５人、うち中小企業は11・２人となる。

推計結果をみると、まず全事業所の数は、２０１４年の５５９万から２０３０年には４３８万、２０４０年には３４９万となる。なお、事業所数は１９６３年には既に４百万を超えていたことから、２０４０年はそれ以前の水準（昭和30年代並み）となる。この間の減少率は▲37・７%で、１事業所当たり従業者が増えていく分、上記の従業者数の減少率よりも大きくなる。北海道、東北、四国では約４割減となった。地域別の２０４０年の事業所数は、北海道14万、東北25万、関東１０７万、中部66万、近畿62万、中国22万、四国11万、九州42万である。うち中小企業については、２０１４年の５５１万から２０４０年３４４万となる。

なお、これまで１事業所当たり従業者数が増加してきたのは、主に個人事業所など零細規模の事業所が廃業等により大幅に減少してきたために、全体の平均値が押し上げられたことの影響が大きいと考えられる。従って、先行きベンチャー企業など小さくても元気な企業が増加して零細規模の事業所の減少傾向がとまれば、１事業所当たりの従業者は増加しなくなるであろう。こうした前提のもとに、１事業所当たりの従業者が将来も一定（２０１４年から不変）と仮定して試算すると、全事業所数は２０４０年４１９万、うち中小企業は４１３万となった。シナリオとしては、上記の３４４万まで減少するのが悲観的なシナリオ、一方４１３万にとどまるのが楽観的なシナリオと思われる。いずれにしても、これだけのテンポで事業所や就業者が減少していくとすれば、わが国が生み出す付加価値を維持あるいは増加（＝経済成長）していくためには、生産性の向上が不可欠となる。減少率の高い地域ではなおさらであろう。

３ 地域における生産性の動向

ここまで、地域別の付加価値（県内総生産）と人口・就業者の動向を将来も含めてみてきた。次に、各地域が付加価値を生み出すための重要な要素である生産性（労働生産性）についてみる。県内総生産は、労働生産性と人口（就業者）の要因に分解されるが、人口や就業者が各地域、特に地方圏で頭打ちとなり、減少し始めていることからすれば、今後は生産性の動きが各地域の生み出す付加価値、県内総生産を左右することになる。以下では、これらの動きをみていく。なお以下では、県内総生産、労働生産性ともに実質値で分析した。

（１）労働生産性に地域格差

各地域ともに、労働生産性は上昇傾向が続いており、最近ではリーマンショックで一時的に低下したものの、世界同時不況からの立ち直りとともに再び上昇する兆しがみられ、２０１２年度にはほとんどの地域でリーマンショック前のピーク水準（2007年度）を上回った。地域別には、少なくとも低下（悪化）が続くような動きはどの地域においてもみられない。一方で、労働生産性の水準については、各地域で格差がある。また、上昇の度合いについても、各地域でややばらつきがみられる（**図表Ⅰ－8**）。

各地域の労働生産性の動きや違いをみると、まず全国では、1980年代には5－6百万円であったが、1990年代には7百万円台となり、2000年代後半には8百万円を超えた。2012年度は884万円である。2012年度に全国平均よりも高いのは、関東と近畿で、他の地域は平均を下回っている。このうち8百万円を上回っているのは、中部、中国、北海道の3地域で、残り3地域は7百万円台である。ただ、過去からの推移をみると、特に1990年代に多くの地域で関東との格差の縮小が進んできた。地域別にみると、東北、中部、中国、四国では関東との格差が縮小してきており、北海道、九州ではあまり変わらなかったが、近畿では逆に関東との格差が拡大している。1990年代はバブル崩壊後の長期にわたる不況期であり、東京を中心とする関東が、他の地域よりもバブ

（図表Ⅰ－8）地域別の労働生産性

	北海道	東北	関東	中部	近畿	中国	四国	九州	（全国）
労働生産性									
2012年度（万円）	809	782	986	843	913	840	774	746	884
関東との格差（1990年代～）	変わらず	縮小	－	縮小	拡大	縮小	縮小	変わらず	
県内総生産への寄与									
内、労働生産性	プラス	プラス	プラス	プラス	プラス	プラス	プラス	プラス	プラス
内、就業者数	マイナス	マイナス	ほぼゼロ	ほぼゼロ	マイナス	マイナス	マイナス	マイナス	マイナス

（資料）内閣府「県民経済計算」

ル崩壊の影響をより強く受けたことから、労働生産性格差の縮小につながったものと思われる。また、近畿の労働生産性が他の地域と比較して伸び悩んでいる様子もうかがわれる。なお、中部の労働生産性が近畿よりも低いのは意外かもしれない。中部は日本経済をリードする自動車産業の中心地である。これについては後で触れるが、非製造業が低い傾向がみられる。

次に、県内総生産（5年毎の平均値）を労働生産性の寄与と就業者数の寄与にわけて推移をみる。まず全国では、１９９０年代前半はまだバブルの余韻が残っていたこともあり１９８０年代後半と比較して県内総生産が19・2％増加したが、そのうち就業者増による寄与は６・２％、労働生産性上昇による寄与は12・2％であった（いずれも5年間の伸び率と寄与度。なお掛け算のため残差が生じる）。１９９０年代後半からは不況の影響を受け、県内総生産の伸びは５・３％に急落し、２０００年代前半、後半もそれぞれ４・２％、５・６％と同程度の伸びが続いた。２０１０－１２年度は前の期（２０００年代後半）に比べ伸びが０・２％とほぼ横ばいになったが、これは前の期にリーマンショック前の好況期が含まれているためである。これに対して、就業者の寄与度は、１９９０年代後半には前期よりも寄与度が低下したが、まだ概ねプラスの寄与であった。ここでマイナスの寄与となったのは北海道のみである。しかし、２０００年代に入ると、就業者の寄与は全ての地域でマイナスに転じた。

このマイナス傾向は、２０００年代後半、２０１０－１２年度まで続いている。一方、労働生産性の寄与度は、１９９０年代後半には３・６％と大きく低下したが、２０００年代前半は６・

8%、後半は7・4%と寄与度が回復してきた。2010―12年度では3・0%の寄与度となっている。こうしてみると、1990年代は就業者、労働生産性ともに県内総生産に対してプラスの寄与をしてきたが、前後半に分けると後半には就業者の寄与度が急低下した。また、2000年代には就業者の寄与はマイナスとなったが、それを労働生産性の上昇によりカバーすることで、2000年代に入っても県内総生産の増加が維持されてきたといえる。

これを地域別にみると、まず北海道では、前述の通り全国の中で最初に就業者がマイナスの寄与となった。1990年代後半から最近までマイナスの寄与が続いており、一方、労働生産性はプラスの寄与ではあるものの、その寄与度は年を追うごとに低下してきている。このため、2000年代後半以降は、就業者のマイナス寄与度が労働生産性のプラスの寄与度を上回り、県内総生産は前期比でマイナスとなっている。就業者数減に加え、生産性の低迷も他の地域と比較すると目立っている。

東北は、1990年代後半は県内総生産の伸びが全国平均を上回っていたが、2000年代には下回るようになった。ただ、労働生産性の寄与度はむしろ高い水準を維持しており、低下の原因は就業者の減少によるものである。就業者は全国平均を上回って大きく減少し続けている。

関東は、1990年代後半に、県内総生産の伸びが全国平均を下回った。これは、労働生産性が伸び悩み、その寄与度が急低下したためである。2000年代に入ると、関東の県内総生産の伸び率は全国平均を上回っており、経済の牽引役を果たしてきているが、この間の労働生産性の寄与度はほぼ全国並みである。一方、就業者の寄与度はマイナスではあるが、ほとんど零に近い水準となっており、関東では就業者の減少を最小限に食い止めたことが、２０００年代の県内総生産の堅調さに貢献しているといえる。なお２０００年代における労働生産性の寄与度は、東北、中部、中国のそれを下回っている。

中部は、関東を上回って県内総生産が成長してきている。これは労働生産性の寄与度が高いことと、２０００年代後半には就業者の減少がほぼ止まったことによるものである。

近畿は逆に、全ての期間で県内総生産の伸びが全国平均を下回って推移した。また、１９９０年代後半以降は各地域の中で最低の伸びとなっており、２０００年代前半には唯一マイナスとなった。その後も低調である。これは、就業者の減少によるマイナスの寄与度が全国平均よりも大きいことと、一方で労働生産性の寄与度が全国で最も低いことの、両方の影響が重なっているためである。近畿は就業者、労働生産性がともに芳しくない状況が続いている。

中国は、１９９０年代前半には県内総生産の伸びが近畿に次いで低くなったが、２０００年代には徐々に伸びが高まってきた。後半には全国平均を上回って成長している。この間、就業者は増加から減少に転じ、マイナスの寄与となったが、労働生産性は２０００年代には全国平均を上回るようになってきており、労働生産性の上昇に支えられてきているといえる。

四国は、中国とは逆に、１９９０年代後半はまだ県内総生産の伸びが高いほうであったが、２０００年代には徐々に低下し、後半はほぼゼロ成長となった。これは就業者減少の寄与度が大きいことに加え、労働生産性の寄与度が徐々に低下してきていることによるものである。労働生産性の寄与度は、2000年代前半までは全国平均より高かったが、後半には下回り、北海道に次ぐ低い水準となっている。

九州は、県内総生産の伸びは、1990年代後半に他の地域と同様に低下したものの、最近に至るまであまり変動せず、概ね堅調に推移してきている。就業者の減少によるマイナスの寄与度もあまり大きくなく、一方、労働生産性は常に一定の寄与度を維持している。

各地域とも、人口のマイナス要因に対して労働生産性を高めることでカバーしてきているといえる。県内総生産の変動要因として、就業者の減少と労働生産性の上昇という2つの要因が各地域に共通してみられるわけであるが、その影響の度合いにはバラツキがある。北海道と近畿ではマイナスの要因が大きく作用している一方、中部、中国などでプラスの要因が大きく働いている。就業者減少の影響が大きい地域ではこれ以上の減少を食い止める方策が、労働生産性が低迷している地域ではそれを高める方策が、それぞれ必要とされる。特に両方とも低迷している地域では対策が急務であろう。

ちなみに、前述した就業者の将来推計をもとに、県内総生産や労働生産性について推計すると、まず労働生産性が上昇せず一定で推移すると仮定すると、県内総生産は2009年度の510兆円から2040年には400兆円を下回り382兆円となる。地域別には、最大の関東が200兆円から150兆円へ、中部と近畿は70兆円台から60兆円台へと減少し、四国は14兆円から9兆円と10兆円を下回る。一方、県内総生産を減少（マイナス成長）させないためには、２０４０年に１千万円を超える水準まで労働生産性を引き上げる必要がある。２００９年度は８１１万円（事業所統計ベース）であり、これを２０４０年には１０８３万円にしなければならない。地域別にみると、関東１１９６万円、北海道１１３９万円、東北１１３２万円など、多くの地域で１千万円以上に引き上げていく必要がある（図表Ⅰ－９）。

（２）資本ストックは各地域とも増加

ここまではヒト（人口、就業者）に着目して分析してきたが、次に各地域のモノ（資本ストック）の面から県内総生産や就業者との関係についてみる。まず、資本ストックの地域別の動きであるが、内閣府の「県民経済計算」では、都道府県別、地域ブロック別に民間資本ストックを推計した「都

（図表Ⅰ－９）地域別の県内総生産・労働生産性の試算

労働生産性を一定（2009年度）とした場合の県内総生産（実質）　（兆円）

	北海道	東北	関東	中部	近畿	中国	四国	九州	（全国）
2009年度	18.7	31.8	204.3	76.6	79.2	28.7	13.6	48.2	510.0
2014年	18.1	30.8	193.8	87.6	85.5	28.4	13.4	48.2	506.0
2020年	16.8	28.5	188.6	84.0	82.2	26.9	12.4	45.3	484.0
2025年	15.8	26.5	184.8	81.2	79.7	25.8	11.7	43.3	467.4
2030年	14.7	24.7	178.0	77.8	76.2	24.7	11.0	41.5	447.0
2035年	13.5	22.8	167.0	73.1	71.1	23.3	10.3	39.3	418.7
2040年	12.1	20.6	152.7	66.8	64.5	21.2	9.3	36.4	382.1

県内総生産を一定（2009年度）とした場合の労働生産性（実質）　（万円）

	北海道	東北	関東	中部	近畿	中国	四国	九州	（全国）
2009年度	737	735	945	684	714	792	744	727	811
2014年	760	758	939	694	725	801	759	726	818
2020年	822	819	966	725	755	847	816	772	855
2025年	874	881	987	750	779	883	867	808	885
2030年	937	946	1,025	784	815	922	920	844	926
2035年	1,019	1,023	1,093	835	873	978	987	890	988
2040年	1,139	1,132	1,196	913	962	1,071	1,096	961	1,083

（注）国立社会保障・人口問題研究所「地域別将来推計人口」から筆者推計

道府県別民間資本ストック（２０００暦年価格）」を公表しているので、これを利用する。なお、公表されているのは２００９年度までであることから、２０１０年度以降の資本ストックについて、地域別の総固定資本形成（民間企業設備）のデータ等を用いて、２０１２年度まで延長した。このため２０１０年度以降はあくまで筆者による試算値である（**図表Ⅰ－10**）。

全国の資本ストックは、１９７５年度には２５９兆円であったが、１９８５年度には５００兆円を、１９９８年度には１千兆円を超えた（１００５兆円）。上記公表推計の最終年度である２００９年度は１２１３兆円であり、２０１２年度について試算してみると１２６６兆円となった。資本ストックは過去からほぼ一貫して増加してきているといってよい。

地域別にみると、いずれの地域も増加が続いているが、その中で最大のストックを蓄積しているのは関東で、２０１２年度は４２０兆円、全国の33％を占める。次いで中部が２４９兆円で20％である。近畿は、過去には関東に次ぐ第2位であったが、１９８０年代前半に中部に抜かれ、２０１２年度では２２５兆円、構成比は18％となっている。第4位からは、九州、東北、中国、北海道、四国の順となっており、これは県内総生産の規模の順と同じである。

（図表Ⅰ－10）地域別の資本ストック

	北海道	東北	関東	中部	近畿	中国	四国	九州	（全国）
資本ストック（兆円） 2012年度	44	86	420	249	225	84	38	120	1,266
資本ストックの推移	増加	増加	増加	増加	増加	増加	増加	増加	増加
構成比（%）の変化 （1975-2012年度）	▲0.7	+0.7	+2.4	+1.2	▲1.8	▲1.5	▲0.5	+0.2	

（資料）内閣府「県民経済計算」（一部筆者推計）

このように資本ストックについては、各地域ともに増加してきているものの、その増加率は地域ごとに異なっている。資本ストックの全国に対する構成比の推移を追うと、上昇している地域と、下降している地域との間でやや格差が生じている。上昇しているのは、関東、中部で、この他に東北、九州もわずかに上昇した。１９７５年度から最近までの構成比の変化をみると、関東が＋２・４％ポイント、中部＋１・２％ポイント、東北＋０・７％ポイント、九州＋０・２％ポイント、それぞれ上昇したのに対し、近畿は▲１・８％ポイント、中国▲１・５％ポイント、北海道▲０・７％ポイント、四国▲０・５％ポイント、それぞれ低下している。総じてみれば、関東、中部の上昇と、北海道、近畿、中国の低下が、対照的な動きとの印象を受ける。

では次に、県内総生産や就業者と資本ストックとの関係についてみよう。(注３)

(３) 資本生産性が大きく低下

まず資本生産性（県内総生産／資本ストック）についてみると、１９７５年度の０・85から２０１２年度には０・42と、ほぼ半減した。この間の推移をみると、過去からほぼ一貫して資本生産性は低下しており、資本の効率性が低下していることを示している。これを地域別にみると、すべての地域で低下してきているが、低下度合いが大きいのは東北で、１９７５年度は１・06と全国で最も高かったが、２０１２年度には０・39と半分以下に低下した。この他では、北海道、近畿、九州も１／２以下になっている。これに対して、関東、中部、中国、四国は低下の度合いが小さかった。資本生産性は資本を効率的に使用しているかどうかの指標であり、総じて地方圏において効率性が低下している様子がうかがわれる。関東とその他の地域との格差も大きい。資本生産性については、その地域の産業構造が強く影響するため一概にはいえないが、地方圏での資本の活用度合いはさらに引き上げる余地がありそうである。なお足元では各地域ともに下げ止まりの兆しがみられる（図表Ⅰ－11）。

ここで、資本生産性を製造業・非製造業に分けてみる。全国をみた場合には、製造業、非製造業ともに資本生産性は低下傾向が続いており、上記の全体と同じ動きである。一方、低下の度合いについては製造業よりも非製造業の方が大きく低下してきている。1975年度比でみると、製造業が1975年度の0・46から2012年度には0・27へと▲0・19ポイント低下したのに対し、非製造業は0・94から0・43へと▲0・51ポイント低下しており、非製造業は以前の半分以下の水準に落ちてしまっている。非製造業では、製造業に比べ、資本ストックの蓄積の割には付加価値を生んでいない、という状況にあるものと推測される。

（図表Ⅰ－11）地域別の資本生産性

	北海道	東北	関東	中部	近畿	中国	四国	九州	（全国）
資本生産性									
1975年度	0.89	1.06	0.92	0.61	0.79	0.67	0.76	0.90	0.85
2012年度	0.44	0.39	0.51	0.34	0.37	0.36	0.42	0.42	0.42
変化幅（1975−2012年度）	▲0.45	▲0.67	▲0.41	▲0.27	▲0.42	▲0.31	▲0.34	▲0.48	▲0.43
製造業の変化幅（1975−2012年度）	▲0.16	▲0.16	▲0.27	▲0.10	▲0.20	▲0.07	▲0.19	▲0.12	▲0.19
非製造業の変化幅（1975−2012年度）	▲0.49	▲0.68	▲0.43	▲0.37	▲0.59	▲0.52	▲0.41	▲0.56	▲0.51

（資料）内閣府「県民経済計算」（一部筆者推計）

次に、地域別にみると、製造業では1975年度時点で関東が0・57と最も高かった。2012年度には0・30となったが依然として地域別では最も高い。ただ、その低下幅は▲0・27ポイントでこれも最も高く、関東の製造業の資本生産性は他の地域よりも高いものの相対的に大きく低下してきている。低下幅の小さいのは中国、中部などで、これらの地域は2000年代に入って低下がとまり、上昇している。こうした動きから、製造業の資本生産性の地域間格差は縮小傾向にある。

一方、非製造業では、1975年度時点で、東北（1・04）、近畿（0・98）、九州（0・96）、関東（0・95）などが高かった。その後各地域とも低下してきているが、低下の度合いはばらつきがあり、2012年度には関東（0・52）が最も高くなっている。関東は1975年度比で▲0・43ポイントの低下にとどまったのに対し、東北、近畿、九州では低下幅が大きかった。なお中部は▲0・37ポイントと低下幅は小さいものの、1975年度時点での水準自体が0・69と地域別の最低で、2012年度でも0・32と同様に最低となっており、中部では非製造業の資本生産性の水準自体に問題を有しているといえる。

(4) 資本装備率は上昇したが地域格差残る

次に資本装備率（資本ストック／就業者）についてみると、全体では1975年度に518万円であったが、1988年度に1千万円を超え、公表されている最終年度の2009年度には2

千万円弱となった。その後の試算では２０１２年度２０８４万円であり2千万円を超えたとみられる。過去の推移を見てもほぼ一貫して増加してきている。また、地域別にも、各地域ともに増加傾向を続けている。ただその水準は地域によって差があり、２０１２年度では、中国、近畿、中部が全国より高く、九州、北海道、東北では低い。資本装備率は各地域ともに一貫して上昇してきてはいるものの、地域によっては資本装備を高める余地があるものと思われる（図表Ｉ－12）。

以上から資本ストックと付加価値、就業者との関係を整理すると、各地域ともに資本の蓄積は進んでおり、それが資本装備率の上昇となって表れてはいるものの、その資本を効率的に活用するまでには至らず、資本の生産性はほぼ一貫して各地域ともに低下している。これは、企業レベルでの資本の効率性の問題に加えて、資本生産性の低い産業の構成比が上昇している（あるいは高い産業が衰退している）、という問題もあるのではないか。今後は、資本を蓄積するにあたって資本生産性が低下しない、あるいは上昇する産業の育成、発展が必要とされよう。特に非製造業の資本生産性の引き上げが必要である。

（図表Ｉ－12）地域別の資本装備率

	北海道	東北	関東	中部	近畿	中国	四国	九州	（全国）
資本装備率（万円）									
2012年度	1,856	1,994	2,060	2,178	2,238	2,341	2,058	1,775	2,084

（資料）内閣府「県民経済計算」（一部筆者推計）

（5）非製造業の低生産性

①労働生産性

次に製造業・非製造業の動向をみたい。ただ県民経済計算では、就業者について全体のデータはあるものの製造業・非製造業別のデータを公表していないため、製造業・非製造業別の労働生産性や資本装備率を算出することは難しい。そこで以下では、就業構造基本調査の業種別・都道府県別のデータを利用し、県民経済計算と組み合わせて公務を除く製造業・非製造業の労働生産性（実質値）を試算した。期間は１９９２年度〜２０１２年度（５年毎）である。なお前出の県民経済計算ベースの労働生産性とは就業者の定義等の違いによる差があるため、単純な比較はできないことに留意する必要がある（**図表Ⅰ-13**）。

　その点に留意した上で、まず足元の状況をみると、製造業の労働生産性が全国で２０１２年度、１０３３

（図表Ⅰ－13）地域別の労働生産性・資本装備率（実質:製造業・非製造業別）

		北海道	東北	関東	中部	近畿	中国	四国	九州	（全国）
労働生産性	2012年度									
製造業	（万円）	788	902	1,043	1,098	861	1,267	1,087	981	1,033
非製造業	（万円）	619	620	854	564	653	623	598	593	708
労働生産性の上昇率（1992＝100）										
製造業	2012年度	136.8	257.5	149.0	205.2	156.7	176.0	197.3	184.3	172.9
非製造業	2012年度	108.3	115.7	105.0	112.2	96.8	112.4	116.9	112.2	107.8
資本装備率	2012年度									
製造業	（万円）	3,702	3,434	3,484	3,941	3,923	5,352	4,618	3,862	3,851
非製造業	（万円）	1,540	1,712	1,642	1,754	1,677	1,704	1,646	1,489	1,653
資本装備率の上昇率（1992＝100）										
製造業	2012年度	198.6	264.7	199.4	210.2	219.0	207.6	252.8	225.9	213.1
非製造業	2012年度	143.4	147.5	144.1	147.8	146.6	143.1	152.5	147.9	146.0

（注）総務省「就業構造基本調査」、内閣府「県民経済計算」から筆者推計

万円なのに対し、非製造業は708万円となっており、非製造業の水準が低い。また地域別にはばらつきがあり、製造業では中国が1267万円と最も高く、以下、中部、四国、関東が1千万円以上である。これに対し、北海道、近畿では水準が低くなっており、地域別のばらつきが目立つ。一方、非製造業では、最高は関東の854万円で、他の地域は6百万円前後となっており、製造業ほどのばらつきはないが、いずれの地域もその水準は低い。特に中部は地域別で最低水準であり、中部においては製造業と非製造業との労働生産性の差が他の地域よりも目立っている。先に、中部の労働生産性が意外にも低いことを指摘したが、その一つの原因は非製造業の相対的な低生産性にあると思われる。

ここで、過去からの推移をみるため、1992年度を100として指数化した。これでみると、労働生産性は、全国では2012年度に119・1まで上昇したのに対し、製造業は172・9、非製造業は107・8となっており、この20年間では労働生産性は製造業が牽引する形で上昇しており、非製造業はあまり上昇していない。

これを地域別にみると、製造業が高い上昇となったのは、東北、中部、四国であり、また他の地域でも上昇幅は大きく、各地域とも程度の差はあれ製造業が労働生産性の上昇に寄与してきた。一方、非製造業は、高い地域でも2012年度で四国、東北などが110台にとどまっており、近畿では96・8と1992年度よりも労働生産性が低下してしまっている。関東も（水準自体は最も高いが）1992年度比では105・0と低い上昇幅にとどまっている。将来、少子高齢化

・人口減少により就業者が減っていくことが確実な中では、このように低い上昇にとどまっている非製造業の労働生産性を一段と引き上げる必要があろう。特に上昇幅が低い近畿、関東などの大都市圏では急務であると思われる。

②資本装備率

次に、資本装備率について、上記と同様に、製造業、非製造業に分けてその動きをみる。比較すると、当然のことながら製造業のほうが資本装備率が高い。２０１２年度では製造業３８５１万円、非製造業１６５３万円となっている。１９９２年度からの推移をみても、製造業のほうが非製造業よりも資本装備が進んでおり、１９９２年度を１００とすると、２０１２年度で製造業が２１３・１なのに対し、非製造業は１４６・０である。これを地域別にみると、製造業では２０１２年度、中国５３５２万円、四国４６１８万円が高く、他の地域は３千万円台となっている。関東は３４８４万円、中部は３９４１万円である。非製造業では、最高は中部の１７５４万円、最低は九州の１４８９万円で、製造業ほどのばらつきはないが、いずれも製造業よりかなり低い水準である。また、１９９２年度を１００とする指数でみると、製造業では、最高が東北の２６４・７、最低が北海道の１９８・６と、各地域ともに概ね２倍以上に上昇してきている。これに対し非製造業では、四国の１５２・５から中国の１４３・１まで、あまりばらつきなく低水準で並んでいる。

(6) 資本ストックと人口減少

以上みてきたように、地域別にみると資本生産性の下落テンポはかなり急速である。資本の増加に見合った付加価値の増加につながっていないのは、増加した資本ストックの中に、陳腐化、老朽化した設備が含まれているためであろう。それが各地域の生産性を低下させ、資本ストックの見かけ上の増加ほどには付加価値が増えないことの原因と考えられる。人口減少で需要全体の規模が縮小すれば、企業にとっては売上規模の縮小、そして過剰設備の発生、となる可能性は大きくなる。設備の過剰は、わが国では既に「3つの過剰(設備、雇用、債務の過剰)」問題として経験済みであるが、人口減少が本格化すると、再度過剰設備の調整を迫られる可能性がある。前回と異なるのは、3つの過剰のうち雇用の過剰は起きないことであろう。地方で資本ストックが多いのに付加価値が低迷しているのは、資本を有効に活用できていない可能性があり、将来に向けて、サービス業など非製造業の資本の活用も含め、設備の有効活用を実現するための戦略が求められる。

4 広域地方計画と産業クラスターの形成

(1) 全国総合開発計画から国土形成計画へ

ここまでは、主に過去から現在における地域別の動向についてみてきた。以下、各地域においてどのような将来像を描き、どのような産業を軸に発展させようとしているのか、地域別の将来像についてみていきたい。

地域の計画として代表的なものに国土計画がある。国土計画は当初から、各地域の均衡ある発展を目指して策定された。都市と地方の間の地域間格差の問題は、高度経済成長期から指摘されてきており、戦後最初の国土計画である「全国総合開発計画」（全総）は1962年に策定されたが、その目標は「地域間の均衡ある発展」であった。当時から地域間格差の縮小が大きな課題とされてきたのである。国土計画はその後、1998年の五全総まで5回にわたり策定されたが、21世紀に入ると名称が「国土形成計画」となる。6回目の計画である「国土形成計画」は、これまでの「全国総合開発計画」に代わる「全国計画」と、各地方の開発促進計画に代わる「広域地方計画」の2層の計画によって構成された。全国計画は2008年に、各地域の計画は2009年に策定された。なお、北海道は2008年、沖縄は2012年に、それぞれ計画が策定された。そして2015年8月には、新しい国土形成計画が策定された。戦後7番目の国土計画であり、国土形成計画としては2番目で、「対流促進型国土」の形成を基本コンセプトとしている。この計画の特色は、①本格的な人口減少社会に初めて正面から取り組む国土計画であること、②地域の個性を重視し、地方創生を実現する国土計画であること、③イノベーションを起こし、経済成長を支える国土計画であること、の3点である。産業に関する基本的な施策としては、前回計画の4つの施策（イノベーションを支える科学技術の充実、地域を支える活力ある産業・雇用の創出、食料等の安定供給と農林水産業の展開、世界最先端のエネルギー需給構造の実現とその発信）に加え、海外からの投資を呼び込む環境整備が新たな施策として組み込まれた。また、文化及び観光に関する基本的な施策については前回計画の2つの施策（文化が育む豊かで活力ある地域社会、観光振興による地域の活性化）を引き継いでいる。２０１６年3月には、各地域の広域地方計画が策定された。

（2）産業クラスターの形成と起業者の輩出

地域別の広域計画をみていくと、産業面での特徴として新しい産業集積や連携を重視している。集積は同業種にとどまらず産業クラスター的なものまで、また連携も産学官連携など地域内の連携に加え、広域での地域間連携にまで広がりをみせている。また業種の広がりは製造業から運輸業、また観光などのサービス業まで、あらゆる業種にわたっている。

こうした方向性に鑑みて、今後地方においては、従来から存在する産業集積の高度化ともいえるような、新たな産業集積や、同業種のみならず異業種や産業以外の分野（学、官）も包含する産業クラスター等を、地域における集積の核として育成し、地域経済や産業の発展を目指すことが必要であろう。それはすなわち、多極集中型の地域経済、産業構造である。過去には多極分散型の地域経済社会という提言等はあったが、ここでいう多極集中は、地方の中でも集中を図ること、つまり各地域の中核都市にその地域の各種資源を集中させることで、集中のメリットを各地域で実現させようとするものである。

中小企業には機動性の高さという大企業にはない強みがあり、これを活かして企業間連携を迅速・効率的に進めることが可能という強みを有している。また、全国のすべての地域にあまねく存在し、地域経済を支える重要な存在である。新たな産業集積や産業クラスターの形成により地理的に散在する中小企業の集積を進め、多様な連携による新たな付加価値の創造を目指すことが、少子高齢化・人口減少の進むわが国（地域）にとって有効であると思われる。

従来のイメージでは、産業集積は同一業種・同一空間・同質企業の集積の形成を指していたといえよう。これも集中のメリットを活かせるシステムではあるが、今後は、同一（業種、空間等）という定義から離れて、より広く異業種あるいは産学官、隣接地域といった幅広い集積や連携の形成が重要となるだろう。こうした観点からは、地域を支える産業構造として、産業クラスターの構築・高度化が期待される。中小企業にとっては、幅広い集積や連携により、ヒト、モノ、カネ、そして情報といった経営資源を獲得することが可能となる。また、地域における付加価値の創出にはイノベーションの活性化が不可欠であるが、イノベーションの担い手とされる起業者にとっても、産業クラスターは事業機会と外部の経営資源の両方の獲得が可能となりうる存在であり、一石二鳥ともいえよう。起業が活発化することによって、新事業や新産業の創出によるイノベーションが促進されるとともに、雇用機会の創出なども期待できる。現在各地域ともに、起業したいとする者は減少傾向にあり、こうした傾向に歯止めをかけるためにも、産業クラスター等の有効活用が望まれる（図表Ⅰ‐14）。

地方経済の将来を見据えた場合、こうした集積や連携を地方都市レベルで実現するような、中核都市への集中・集積が有効であり、そこでは産業クラスターの形成が鍵を握るのだろう。これは、人口減少社会において地域における起業者の輩出を促し、これ以上の大都市への人口流出を食い止める手段としても、重要であると思われる。もちろん、他の地方や大都市部の産業との有機的な関係（連携）を維持拡大していくべきであることはいうまでもない。それは双方向の円滑な交流（人口移動）につながる。

5 地域経済と中小企業

本章でみてきたように、地域別にみると、近年、ほとんどの地域で人口が減っている一方、資本ストックは増え続けており、その増加テンポは付加価値の増加を上回っている。それが資本生産性の低下となって表れているが、資本生産性の下落テンポはかなり急速である。資本の増加に見合った付加価値の増加につながっていないのは、増加した資本ストックの中に、陳腐化、老朽化した設備が含まれているためであろう。それが各地域の生産性を低下

（図表Ⅰ－14）地域別の起業希望者の推移

（万人）

年	北海道	東北	関東	中部	近畿	中国	四国	九州	（全国）
2002	7.4	12.5	74.7	31.4	40.2	10.7	5.9	23.2	206.0
2007	6.0	10.0	67.5	24.7	33.3	7.6	4.4	20.1	173.5
2012	4.7	8.3	59.4	21.0	29.8	7.1	3.6	17.8	151.7

（資料）就業構造基本調査
（注）「自分で事業を起こしたい」とする者

させ、資本ストックの見かけ上の増加ほどには付加価値が増えないことの原因と考えられる。特に、地方で資本を有効に活用できていない可能性がある。将来に向けて、サービス業など非製造業の資本の活用も含め、設備の有効活用を実現すること等により、労働生産性の向上を目指すことが重要であり、そのための戦略の策定と実行が急務である。

中小企業についてみると、人口減少に先行して、中小企業の従業者が大きく減少している。なお大企業は増加しているが、これは主として非正規雇用の増加による。今後は人口減少の本格化が確実であり、中小企業にとっては地方における雇用の確保が重要な課題となる可能性が大きい。さらに、高齢化への対応も必要である。

中小企業は地域経済を支える重要な存在であり、将来に向けて連携を推進し産業クラスター的な新しいタイプの集積を形成していくことなどによって、地域における新たな付加価値の生産（財・サービス）を実現していくことが求められる。広域地方計画にあるように、各地域では独自性を活かしつつ様々な集積の形成を目指しており、また、外部から付加価値を呼び込む観光産業等についても、各地域ともにその振興を大きな目標として掲げている。こうした新たな集積・連携を形成し、また起業者の輩出を促進していくことが、地域中小企業ひいては地域経済の活性化につながるものと思われる。

【注】

（1）公表されている実質県内総生産については、過去5年ごとに基準時点の変更がある。このため1970年代まで遡って連続した実質値を算出するにあたり、1990年基準、1995年基準、2000年基準のそれぞれの時点における新旧基準の実質値（各都道府県の実質県内総生産）により、便宜的に2005年基準の実質値と接続した

（2）就業構造基本調査は、2002年調査時に従業者規模別のデータから「その他の法人・団体」を分離しているが、これ以降は大きな変更がなく、2002年、2007年、2012年の地域別の推移については規模別データが連続していることから、この間の推移をみた

（3）労働生産性と資本ストックの関係は、労働生産性（県内総生産／就業者）＝資本生産性（県内総生産／資本ストック）×資本装備率（資本ストック／就業者）で示される

第2章 産業クラスターの構築による地域活性化

新しいタイプの産業集積として産業クラスターが注目され各地で構築が企図されている。本章では、産業クラスターについて解説した後、先端産業のクラスターである九州のシリコン・クラスターと伝統産業のクラスターである新潟市のニューフードバレー特区の取り組みについて紹介し、産業クラスターの構築による地域活性化についてまとめた。

九州のシリコン・クラスターについては支援機関と半導体関連企業の事例を取り上げ、新潟市のニューフードバレー特区については農商工連携による６次産業化に関連する事業を展開する中小企業の事例を紹介する。こうした事例に加えて中国地方の支援機関が展開しているクラスター形成の支援事業の事例も交えて、産業クラスターの発展にはクラスター・マネジメントが重要であることを指摘した。

1 従来型の産業集積と産業クラスター

産業の集積はなぜ生じるのだろうか。その理由として、多くの中小企業で生産活動が分業化されることによって集積内での生産のボリュームが大きくなるため、1単位の生産に必要なコストの削減が可能となるほか、技能に関する暗黙知的な「ナレッジ（知識）」のスピルオーバーが起き、イノベーションが生じることを挙げることができる。かつては、大企業と中小企業の間の分業によっても経済効率性の向上を期待することができた。その典型例がいわゆる「企業城下町」であり、自社内に多数の研究者を擁し研究開発を行いイノベーションを先導する大手製造業の工場が立地する地域では、サプライヤーとなる中小企業やそれらの企業の従業員や家族を対象とする商業・サービス業の集積も進み、その地域の経済発展を牽引してきた。

しかし、現代においては、機械工学だけではなく、著しく発展した電子工学やソフトウェア技術等も組み合わせ、さらに適合的なビジネスモデルも構築しないとイノベーションを起こしにくくなった。この潮流はバイオテクノロジー等の発展もあり複雑化の度を増しつつ続いている。加えて、様々な分野で新しいテクノロジーの開発と古いテクノロジーの陳腐化のスピードが増しているように思われる。こうした状況から、「イノベーション」を持続的に起こす「場」として、多様なプレーヤーが協力・連携し、新しいタイプの産業集積、すなわち「産業クラスター」を構築する必要性が高まっていると指摘したのが、産業クラスター論の中心的提唱者であるハーバード大学のポーター教授である。

地域クラスターの理論の特徴は、①科学技術インフラ、先進的な顧客ニーズなどの新しい生産要素の重要性の指摘、②企業のみならず、大学、研究機関、金融機関、地方自治体などの多様な組織を包含すること、③「イノベーション」とその源泉としての「競争」の意義を指摘したことである。

現代社会では、技術だけでなくビジネスモデル等の革新もイノベーションに必要であり、米国の大企業は中小規模のベンチャービジネス（ＶＢ）や大学等と連携することによって社外の「知識」の吸収を志向し「オープン・イノベーション」を実現することを目指している。加えて、ポーターは、①「地域クラスター」におけるプレーヤー間の紐帯としての行政機関・支援機関の役割と②クラスター間の連携あるいはクラスターの広域化が地域活性化にとって重要であることを指摘した。

2　企業立地促進法の基本計画にみる日本の産業集積

日本での産業クラスターの状況を概観するために、２００７年に成立した「企業立地促進法」に基づいて各地の自治体が作成した「基本計画」をみる。この中では、基幹的製造業種とその関連産業による単純な分業構造や企業城下町のような垂直的な分業構造よりもむしろ、多様なプレーヤーの有機的な結合を通じた地域クラスターの形成・高度化が想定されている。このことは、基本計画で地域内の大学や研究機関等、産業界以外との連携が重視されていることにも窺われている。

また、基本計画について以下のようなことが分かる。第一に、ものづくり関連産業の集積を重視している地域が多い。第二に、ものづくり関連の製造業の集積が薄い地域では農林水産関連業種と地域資源関連業種の集積を目指す地域が多い。第三に、ナノテクノロジー、バイオテクノロジーやライフサイエンス、医療・福祉、あるいは新エネルギーなどの、今後の発展が期待されている新産業分野の集積を目指す地域が散見されている。

地域クラスターは特定の行政管轄にその範囲が収まるとは限らないので、近隣の複数の自治体を対象とした基本計画も多数作成されている。加えて、必ずしも隣接していない地域の基本計画を連携させた方がよいと考えられる場合には「ブリッジ計画」が作成されている。さらに広い範囲で集積を高度化することが望ましい場合には「広域計画」が作成されている。

このように、日本国内では地域特性を活かした産業集積の形成・高度化が政策的な課題となっており、行政単位を超えたクラスターの構築を多くの地域が目指している。この中では、現在の基幹的な産業の高度化、あるいは農林水産物等の地域資源を活用した内需型産業の活性化、さらに将来の日本経済の軸となることが期待される新産業分野のクラスターの形成が構想されており、一部にはブリッジ計画による隣接していない地域のクラスター同志の連携や広域計画による複数の都道府県を対象とする面的な広域クラスターも含まれている。

３ 先端産業のクラスターとしての九州のシリコン・クラスター

（１）九州の半導体産業の状況

１９８０年代末以降の九州の集積回路の生産動向をみると（図表Ⅱ‐１）、個数（数量）と金額は２０００年までは増加基調で推移していたがＩＴバブルの崩壊により２００１年にともに激減した。その後、個数はリーマンショック後の２００９年に65億個と２００１年の66億個を下回った。２０１０年以降は80億個前後で推移している。一方、金額は２０００年をピークとして減少傾向が続いていたが２０１３年以降は下げ止まっている。この間、単価は１９９６年の約１７０円／個をピークとして低下基調で推移し２０１１年には半減したが、以降は下げ止まっている。

集積回路の種類別に生産の状況をみると（図表Ⅱ‐２）、金額の構成比には大きな変化はない一方で、数量の構成比は、２００９年以降、デジタルＩＣ（ＭＯＳ型が主）の上昇が続いている。また、種類別の単価をみると、デジタルＩＣの単価は低下基調で推移しているものの、高付加価値で高単価のハイブリッドＩＣは、自動車及び家電機器のエレクトロニクス化に伴う用途拡大などの影響もあり、２０１３年に単価が大幅に上昇し高止まっている。これらの効果が複合して、近年生産数量・金額が下げ止まっている。

(図表Ⅱ－1) 九州の集積回路の生産動向

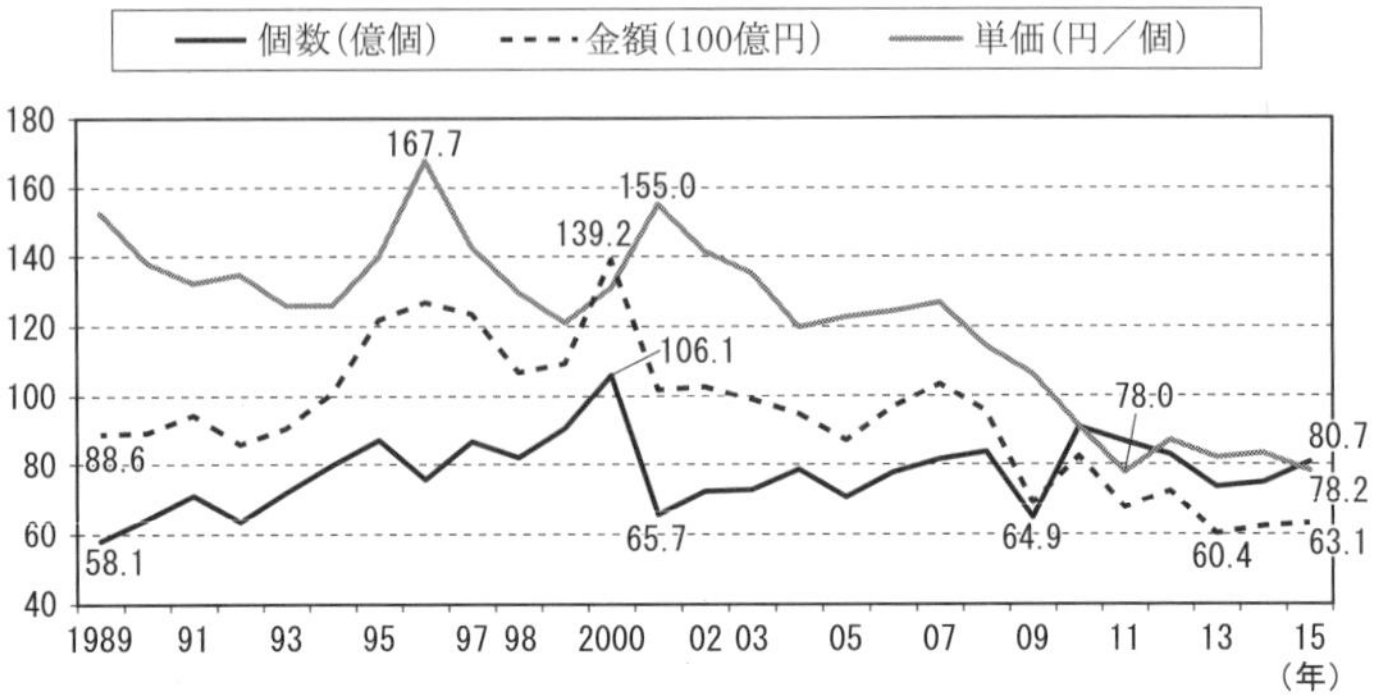

(資料) 2004年以前：九州経済産業局、2005年以降：九州経済産業局「九州経済・産業データ一覧」Ｗｅｂ (http://www.kyushu.meti.go.jp/keizai-db/db_top.html) 2016年３月11日閲覧

(図表Ⅱ－2) 九州の集積回路の種類別生産状況（構成比：%）

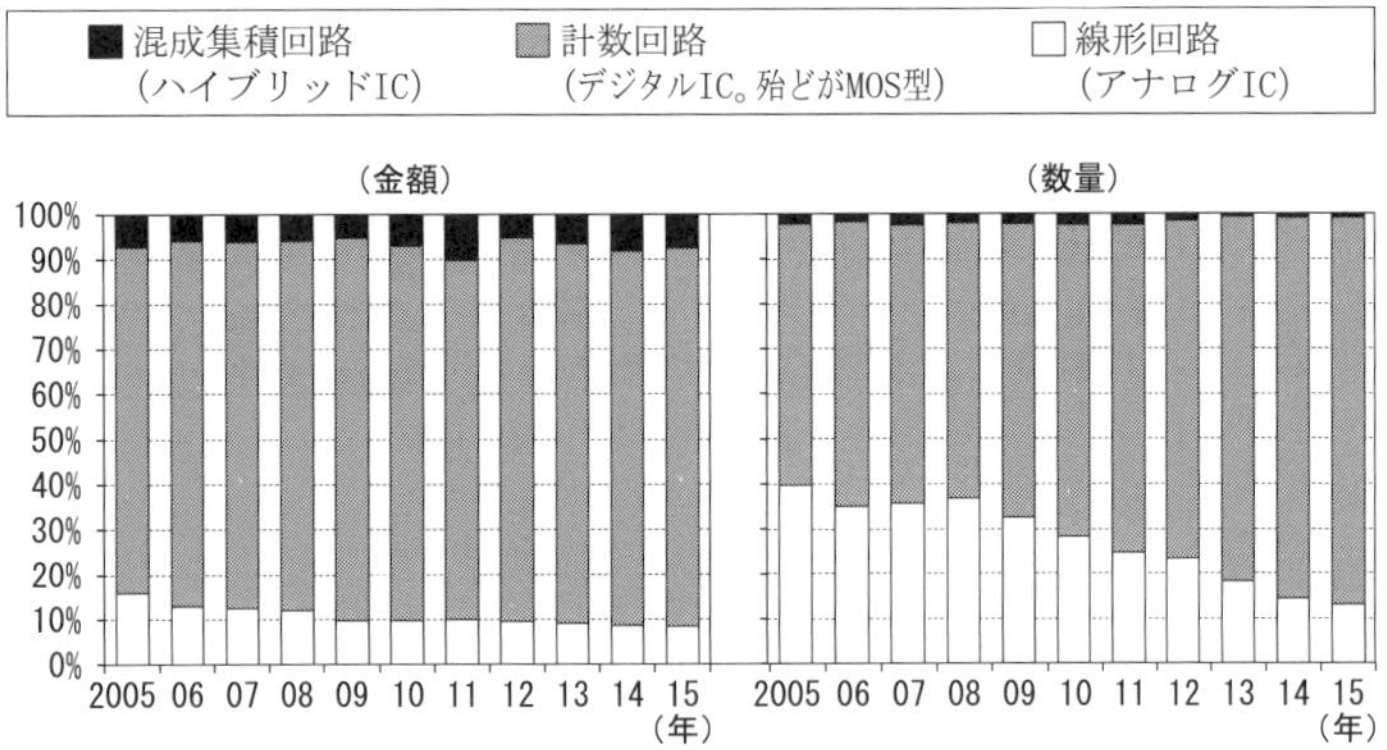

(資料) 九州経済産業局「九州経済・産業データ一覧」Ｗｅｂ (http://www.kyushu.meti.go.jp/keizai-db/db_top.html) 2016年３月11日閲覧

電子部品・デバイス・電子回路製造業の事業所数をみると（図表Ⅱ－３）、九州の事業所数は再編の影響を受け全国を上回る大幅な減少を余儀なくされ、日本全体でのシェアも低下した。

また、半導体産業と関連の深い電子部品、電気・情報通信機器製造業について九州の従業者数をみても（図表Ⅱ－４）、日本の半導体関連産業の全盛期であった１９９０年代初頭と近年の実績を比較すると、電子応用装

（図表Ⅱ－３）電子部品・デバイス・電子回路製造業の事業所数

	2009年	2012年	増減率
全国	11,104	9,064	▲18.4%
九州	581	422	▲27.4%
構成比	5.2%	4.7%	

【出典】総務省「平成21年経済センサス－基礎調査」、総務省・経済産業省「平成24年経済センサス－活動調査」（ＲＥＳＡＳによる）
【その他の留意点】平成24年経済センサス－活動調査においては、東日本大震災の影響で、以下の７自治体の調査は行っていない。
福島県楢葉町、福島県富岡町、福島県大熊町、福島県双葉町、福島県浪江町、福島県葛尾町、福島県飯館村

（図表Ⅱ－４）九州の電子部品、電気・情報通信機器製造業の従業者数、平均賃金

	従業者数（人）			平均賃金（万円）		
	1990年	2012年	増減率（%）	1990年	2012年	増減率（%）
電子部品、電気・情報通信機器	119,297	88,458	▲25.9	313	452	＋44.4
電子応用装置	2,670	8,919	＋234.0	217	327	＋50.7
通信機械器具・同関連機械器具	7,978	1,660	▲79.2	247	365	＋47.8
電子計算機・同附属装置	3,173	281	▲91.1	411	659	＋60.3
電子部品・デバイス	61,108	51,417	▲15.9	320	516	＋61.3
その他	44,368	26,181	▲41.0	314	372	＋18.5
（参考）輸送用機械器具製造業	33,901	55,993	＋65.2	456	513	＋12.5

（注）九州：福岡県、佐賀県、長崎県、熊本県、大分県、宮崎県、鹿児島県。平均賃金は現金給与総額
（資料）総務省・経済産業省「平成24年経済センサス－活動調査」編加工、経済産業省「業統計調査」再編加工他（ＲＥＳＡＳによる）

（図表Ⅱ－５）九州の電子部品、電気・情報通信機器製造業の付加価値額と労働生産性の特化係数（全国＝1）

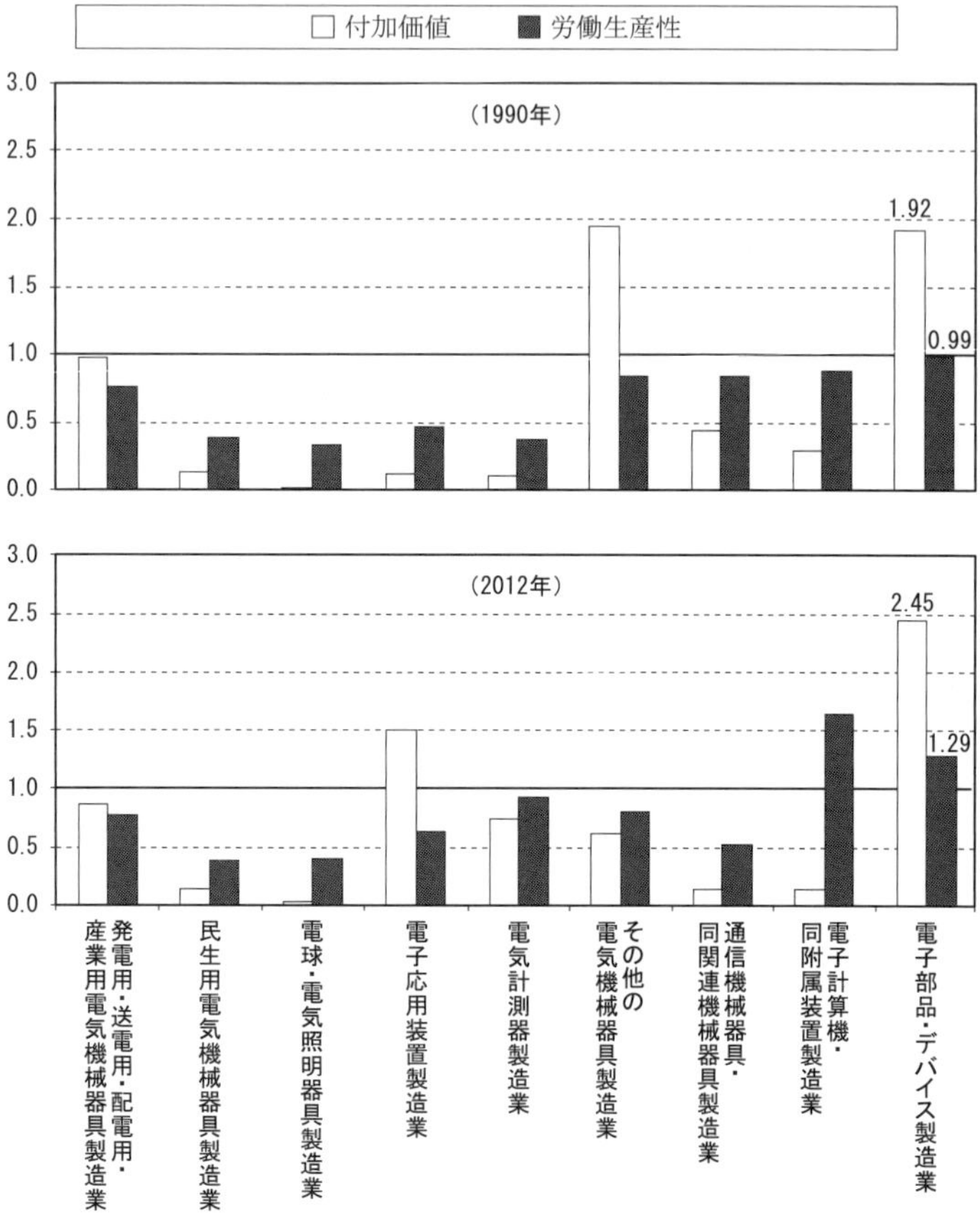

【出典】
総務省・経済産業省「平成24年経済センサス－活動調査」再編加工、経済産業省「工業統計調査」再編加工（ＲＥＳＡＳによる）
【注記】
特化係数：域内のある産業の比率を全国の同産業の比率と比較したもの。1.0を超えていれば、当該産業が全国に比べて特化している産業とされる。労働生産性の場合は、全国の当該産業の数値を１としたときの、ある地域の当該産業の数値。
労働生産性＝付加価値額（事業所単位（※））÷従業者数（事業所単位）
（※）事業所の従業者数に応じて、本社で計上された付加価値額を割り付けて算出。

置を除いて大幅に減少している。特に、電子部品・デバイスは輸送用機械に逆転されており、この時期の九州の基幹産業としての半導体産業の苦境を物語っている。しかし、同期間中に平均賃金は各業種とも増加しており、特に電子部品・デバイスの増加率は半導体関連製造業の中で高く、生産性の向上と高付加価値化を実現したことが示唆されている。

そこで、九州の電子部品、電気・情報通信機器製造業の付加価値額と労働生産性の特化係数をみると（図表Ⅱ-5）、１９９０年には電子部品・デバイス製造業の付加価値額の特化係数は１を大きく上回っていたものの、労働生産性の係数はほぼ全国平均並みの約1であった。ここからは、九州が半導体製造業に特化して、その集積度の高さから生産量は日本の中で高い地位を占めていたものの、生産性は必ずしも高くなかったことが推測される。しかし、２０１２年には電子部品・デバイスの特化係数は付加価値額については2を大きく上回る水準に上昇し、労働生産性については1を大きく上回った。

これらから、産業集積地として九州の半導体製造業は付加価値と生産性の面で日本国内での地位を高めたことを確認できる。

(2) 九州の産業集積とシリコン・クラスター

九州は企業立地促進法の広域計画で半導体・エレクトロニクス関連産業等の集積を目指している。半導体等関連の事業所の分布をみると（図表Ⅱ-6）、九州全域に集積地がある。なお福岡、熊本、大分の各県では近年大口ユーザー化している自動車メーカーの工場がある。

（図表Ⅱ－６） 九州の半導体・太陽電池関連の主要事業所の分布と産業集積の概況

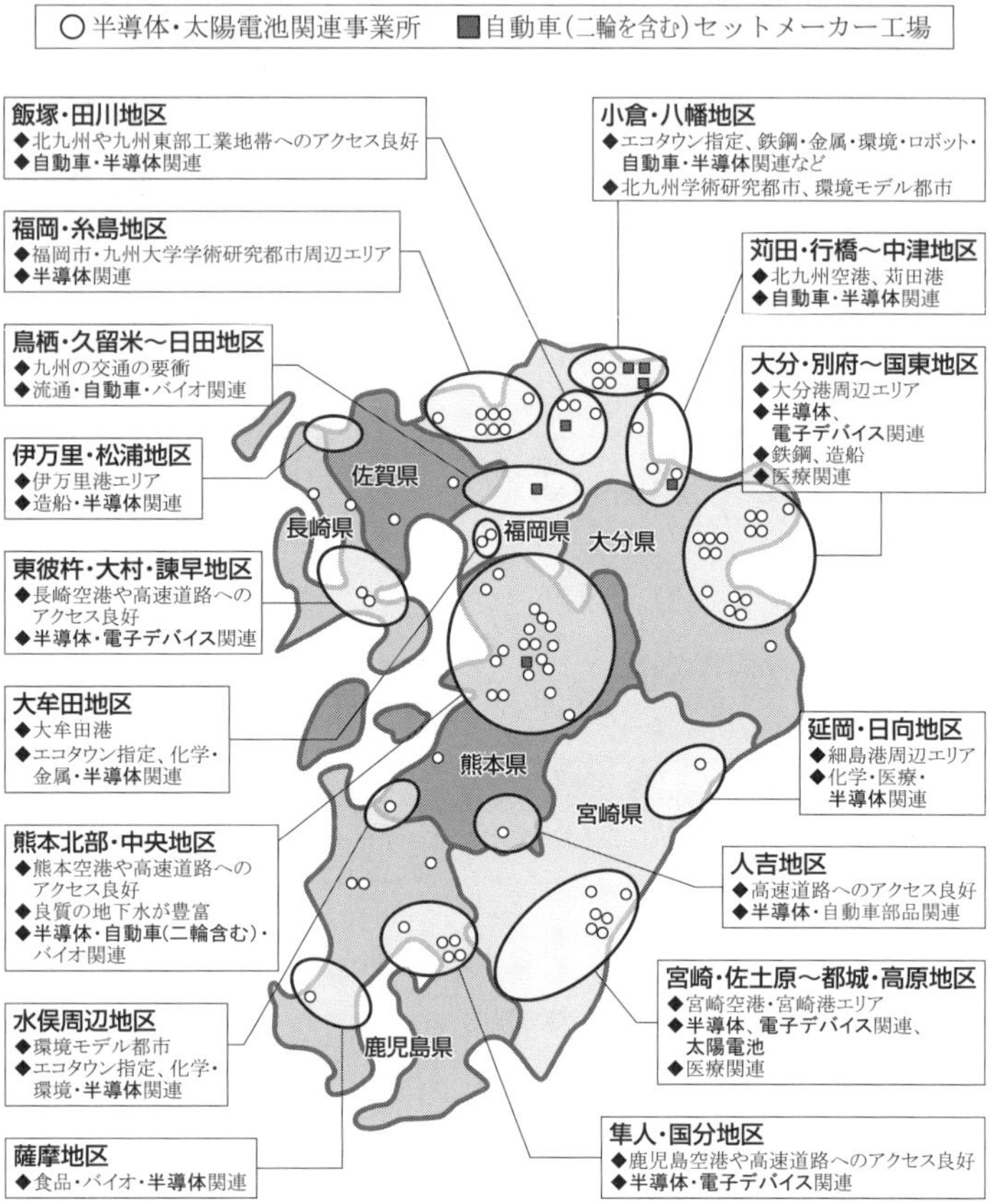

（注）主要事業所は網羅的なものではない。また、事業所・工場の所在地は厳密なものではない

（資料）・日本地図（都道府県）無料ダウンロードちびむすドリルＷｅｂ（http://happylilac.net/tizu-todohuken2012-a3ln.pdf）
・九州電力Ｗｅｂ「九州の魅力と産業動向」（http://www.kyuden.co.jp/firm-location_area.html）
・主要事業所を有する各企業Ｗｅｂ
・各Ｗｅｂは、2015年10月13～19日に閲覧

現在の九州の半導体関連産業の集積は、大手メーカーの大規模な再編の中で個々の域内企業が経営の高度化に努力したことに加えて、産業クラスター計画の一環として「シリコン・クラスター」の形成・高度化を促進するために、２０００年代初頭から行政機関と支援機関が地道に取り組んだため実現したと考えられる。また、近年エレクトロニクス化が著しい自動車産業の工場が域内に立地したことも、クラスターの高度化に寄与している。そこで、以下では、シリコン・クラスターの支援機関（事例１）と九州の「大分県ＬＳＩクラスター形成推進会議」に参加している半導体関連企業（事例２）の取り組みを紹介する。

（3）ヒアリング事例

事例1　九州半導体・エレクトロニクスイノベーション協議会（ＳＩＩＱ）（注1）

設　立　２００２年
会　員　１９８名（２０１５年12月時点）　所在地　福岡県福岡市
活動内容　①産学連携による新事業の創出、②産産連携によるビジネス創出、アライアンスの形成、③海外市場の開拓等

１．沿革と特徴

①沿革

ＳＩＩＱは、経済産業省が進める産業クラスター計画の一つである「九州シリコン・クラスター計画」の推進機関として、九州地域における半導体・エレクトロニクス関連産業分野におけるネットワーク強化、ビジネス創出を目的として２００２年に設立された。（注2）

①産業界、大学、研究機関、行政などとの連携と協力、②多様な人的ネットワークの形成、③新たな事業展開へ挑むための環境整備という３つの活動方針を基にして、九州に知的創造と産業活性化の好循環を生み出す世界的な半導体（シリコン）クラスターを形成し、競争力の高い世界企業の育成とＫＹＵＳＨＵブランドの確立を通じて九州経済の活性化を図っている。

②特徴

会員数は198であり、内訳は企業（60%）、大学（8%）、産業支援機関（6%）、個人（21%）となっている。主な活動はイノベーション創出、ニュービジネス創出、グローバルビジネス創出の3つの部会で行われている。

具体的な活動は、事務局のコーディネーター（これは、後述するクラスター・マネージャーのことである）が担っている。コーディネーターは半導体、エレクトロニクスの大企業OBが務めており、出身企業での知識・経験やネットワークを活かして活動している。特に、コーディネーターが積極的に動き回ることによって会員企業等のステークホルダーとの信頼関係を築き、人的ネットワークを拡張することが重要である。なお、SIIQのコーディネーターは福岡県（福岡県ロボット・システム産業振興会議）、熊本県（セミコンフォレスト推進会議）、大分県（大分県LSIクラスター形成推進会議）のコーディネーターとも連携し、活動の幅を広げている。

主な活動内容は、（a）産学連携による新事業の創出、（b）産産連携によるビジネス創出、アライアンスの形成、（c）海外市場の開拓等であり、九州経済産業局と密接に連携している。

例えば、（a）については、九州地域の21大学から2500件超のシーズを収集し、事業化の可能性が高い70のテーマを新たな成長分野の専門家が選出し、2014年3月に「九州発大学シーズ70選」を発刊した 。2015年度には、このシーズ70選を関連する企業に紹介し、関心のある企業と大学から成る産学共同開発に向けた6つの研究会が進行しており、この研究会には企業側の新規事業開発部署の担当者が多く参加しているため、今後の事業化に期待を持てる。（b）については、セミナーの実施や展示会への参加、及び、半導体産業だけでなく、自動車や産業用機械、半導体製造装置産業等とのビジネスマッチング等を行っており、２０１４年度には会員企業での４億円の売り上げ増加、93名の新規雇用創出につながった。（c）については、ベトナムの半導体産業推進機関とのＭＯＵ（覚書）の締結やマレーシア企業との商談会等を行い、ベトナムのインフラ整備(注3)の商談の成約につながった。また、ＳＩＩＱ会員のマレーシアへの進出を支援している。

２．九州の半導体産業の推移

九州の半導体産業は２０００年代初頭以降、生産数量・金額が低迷した。この一因には、台湾、韓国、中国のファウンドリ・ビジネスモデル（水平分業）が台頭する中で、日本の大手企業が各社とも垂直統合型のビジネスモデル（企画・設計開発・製造・販売一貫体制）での事業展開を続け、結果としてファウンドリ分野での競争優位を失ったことがある。しかし、現在、各社とも事業の選択と集中を行っており、得意分野への特化を通じて競争力を強化して生き残ろうとの戦略を明確化している。例えば、ソニーはＣＭＯＳセンサーを収益事業として世界市場のドミナントなシェアを確保すべく、大規模な設備投資を行い雇用も増やしている。また、旭化成はジャイロセンサー、三菱電機はパワー半導体に経営資源を集中している。この他に、ラピスセミコンダクタは前工程ファウンドリ、ジェイデバイスは後工程に特化している。

こうしたこともあり、近年、九州の半導体産業は持ち直しつつある。端的には九州の半導体及びその関連産業は逆襲の時期に来ており、SIIQの活動を通じたシリコン・クラスターの高度化の重要性が一段と高まっている。

3．今後の方向性

①産学連携・産産連携の事業化への展開

既に述べたように、SIIQは産学連携や産産連携に取組んでいる。ただ、これまでは大企業がオープン・イノベーションに必ずしも積極的ではなかった。しかし、例えば、村田製作所や横河電機は、オープン・イノベーションの専担部署が技術ニーズをコンフィデンシャルな形で開示しており、SIIQは会員企業とのマッチングを行っている。今後はこれらの会社のようなオープン・イノベーションの必要性に対するマインドセットが他の大企業にも浸透するものと思われるため、産学連携や産産連携の成果が表れるだろう。

産学連携の基礎となる大学のシーズをみると、半導体産業だけでなく、エレクトロニクス産業一般に視野を広げれば、IoTの進展もあり有望なものが多数ある。例えば、マイクロバブル発生装置による水質浄化や水産養殖への応用、ウナギ（暗所で成長する性質を持つ）の成長に影響しない波長のＬＥＤ照明による完全養殖の作業効率の向上、可搬性（ポータビリティ）に優れるマウスピース型睡眠時無呼吸症候群治療装置（注４）などの研究・開発が行われている。ＳＩＱはイノベーション創出部会で、大学等の研究者に対して会員企業との連携による研究を奨励することを目的として研究開発費を助成しており、これらも活用して上記のような社会的要請に合致した技術の事業化を一段と推進する。なお、クラスター内での産学連携を円滑に運営するためには、大学自身がビジネス感覚を一段と研ぎ澄まして知的財産権の管理やビジネス志向を強化することが重要だろう。

産産連携については、国内外、企業規模を問わず、これまでの活動を本格的に新成長分野への展開につなげたい。そのために、九州の中小企業の光る技術ベスト70を抽出・公表し事業化につなげる準備をしている。しばしば、自社の知的財産権の保護に対する不安から、中小企業が他社・他機関との連携に消極的になりがちと指摘されるが、九州ではクラスター活動が15年にわたり継続されてきたため、ＳＩＱのコーディネーター、あるいは大企業との信頼関係が構築されており、大きな問題は生じていない。このような良好な環境を活かして従来以上に企業間の技術連携やビジネスマッチングに力を入れていく。

②広域連携

また、九州域外や海外との広域連携も進めていく方針である。例えば、国内の他地域の企業に対してもＳＩＩＱ会員企業とのマッチングを行っている。この他に、九州に生産拠点を持たない企業（浜松ホトニクスやオーストリア、スイス、あるいはフィンランドの企業の現地法人等）もＳＩＩＱの会員として受け入れている。ビジネス情報の交換等の交流を通じて、これらの企業はＳＩＩＱ会員企業等のシーズ情報を得ることができる一方で、九州の会員企業はビジネスにつなげることができるといったＷｉｎ－Ｗｉｎの関係構築に資するためである。

海外に関しては、今後インフラ投資等で市場拡大が期待されるベトナムとの連携を進めている。また、アメリカ、イスラエルといったスタートアップが盛んな地域で、ファブレス、ソフトウェア、システムといった分野の事業者との連携にも力を入れている。これは、九州には「ものづくり」の基盤が整っており、棲み分けしやすいと考えられるからである。

事例２　株式会社　エリア（注5）

設　立　１９９３年　　資本金　１億円
従業員　40名　　所在地　大分県速見郡日出町
事業内容　①ＬＳＩ試験装置の開発、ＬＳＩの評価・解析、テストアプリケーション開発、②半導体の設計、製造、販売に関する事務処理の請負、③プリント基板の設計・製造、④企業向け研修、セミナー及びこれに関する出版の企画、立案、実施、他

１．沿革と特徴

①沿革

１９９３年、大分県杵築市に有限会社エリアを設立、半導体製品の評価解析業務を開始。１９９４年、半導体装置の技術請負業務を開始。１９９５年、プリント基板の設計・製作業務を開始。１９９７年に株式会社に組織変更。１９９８年、電子制御機器の設計・製造を開始。２００３年、プロダクトエンジニアリングを主たる業務とした新事業を開始。２００４年、本社を速見郡日出町に移転。同年、ＩＳＯ９００１認証取得。２０１０年、テスト・ターンキー事業を開始。２０１３年、戦略産業雇用創造プログラム（厚労省補助事業）のアナログＬＳＩテストシステムを開発。２０１４年、ＢＯＳＴ（Built Out Self Test）（注6）を開発、販売開始。

②特徴

当社は半導体やプリント基板の設計を始めとして様々な事業を行っている（自社製品であるテスター等の機器類は設計だけを行い製造はアウトソースしている）。中でも、「プロダクトエンジニアリング」が特徴的である。これは、開発段階と量産段階の二段階からなるＬＳＩの工程で両段階の技術支援を行うことである。開発段階ではＬＳＩメーカーの設計部門から試作品の評価解析を請け負い、その結果をフィードバックしメーカーが試作品から完成品にしていく。量産工程ではウェハテスト及び出荷テストで使用されるテスターのプログラム開発やハードウェア開発を行い量産テストの立ち上げを行う。その際にテストの最適化や歩留まり改善を実施し生産性と品質の向上を図っていく。

２０１０年から当社は「テスト・ターンキー・ビジネス」を手掛けている。具体的には、当社が窓口となりテスター選定・テストハウス（半導体のテストを行う業者）選定・テスト開発・ハードウェア開発を行い量産テスト（ウェハテスト、ファイナルテスト）や組み立てを協力企業に依頼するビジネスである。これにより顧客はそれぞれの企業をコントロールする必要がなくなり、各種のテスト（及びその開発）から量産までを一括して当社に依頼することができる。

2．大分県LSIクラスター形成推進会議の活動

①設立の背景

１９８０年代以降、国内外の半導体メーカーが九州に進出した。具体的には東芝、ソニー、日立製作所、三菱電機、TI（テキサス・インスツルメンツ）等である。１９９２年には世界の半導体メーカーの売上高ベスト10社の内、６社が日本企業であり約４割の売上シェアを占めていた。このため、地場の協力企業は特定のメーカーの専属として順調に成長していた。しかし、新興国の勃興や技術の変化等により市場構造が激変し、２０１４年には上位10社に含まれる日本企業は2社に減少し、売上シェアも５・５％へと低下した。

この変化に対応するためには、地場の企業が技術を基に自立する必要があるとの認識が高まった。この結果、連携と競争による地域及び企業の発展・活性化を通じて大分県の産業の活力を創造するために「おおいたLSIクラスター構想」が策定され、その推進機関として「大分県LSIクラスター形成推進会議」（以下、「推進会議」と略す）が２００５年に設立された。現在、当社は推進会議の理事（産業界代表）、企画委員、グローバルイノベーション部会長を務めている。

②おおいたLSIクラスター構想と推進会議の特徴

おおいたLSIクラスター構想は、県内に進出している大手企業と地場企業の集積と得意技

術の強みを活かして、品質・コスト・納期の面で国際的な競争力を有する半導体の生産拠点の形成を目指しており、半導体製造に不可欠なテスティング技術（評価工程）を中心に取り組んでいる。そのために、推進会議が研究開発、人材育成、販路開拓・情報提供、会員交流の4つの機能のコーディネート役を担い、産学官が一体となったネットワークを形成し、高度製造技術を一層集積する取り組みを戦略的に推進している。

推進会議には半導体関連産業の大企業、中小企業や大学、大分県産業科学技術センター等が参加しており、当初は県主導で運営されていた。しかし、市場のニーズの変化にスピーディーに対応するためには「現場」主導のほうが好ましいとの考えが強まり、民間主導の企画委員会と専門部会でR&Dの方針、商談会、ネットワーク作り等を行うようになっている。

③推進会議の活動内容

先ず研究開発については、テスト・評価、装置部品とその洗浄、実装の各分野で研究あるいは開発のためのワーキンググループを設けている。大学との連携にも取り組んでおり、年1回大学内のシーズ技術の発表会が開催され、シーズ技術集も発行されている。このほかに、九州大学、九州工科大学、熊本大学、大分大学等、九州全域の大学の産学連携の窓口と情報を交換している。

第二に、人材育成については、（a）半導体基礎講座、（b）技術者研修会、及び（c）海外展開に向けたスキルアップ研修会を開催している。（a）は半導体産業で働く新卒社員や（就職する可能性のある）理工系の大学生、（b）は技術者、（c）は東アジアに展開中、あるいは展開を予定している企業を対象にしている。九州では、人材育成のプログラムの構築にあたって、福岡県は設計、熊本県は装置、そして大分県がテスト・評価と役割を分担した。日本の半導体産業は急速にファブレス化しており、かつてのような国内優先、関連会社優先での後工程の発注は減り、コスト面への考慮等から台湾への製造委託が増えている。ファブレス化により国内ではテスト・評価を行う人材の育成が重要になるため、大分県では当社も含めて産学が連携して、クラスターの人材育成事業としてテスト技術のカリキュラムを構築した。

第三に、販路開拓・情報提供としては、ニーズ・シーズの調査を基にしたビジネスマッチングやセミコン・ジャパン（世界最大の半導体装置・材料の国際展示会）等への出展を通じて大分県内の企業を広くPRしている。さらに、海外、具体的には台湾・韓国との連携にも取り組んでいる。3年前から台灣電子設備協會とMOU（覚書）を締結し、商談会等を行っており、2015年に台北で開催されたSEMICON　TAIWAN　2015では当社も発表した。

この他に推進会議の会員交流事業として、技術者間あるいは他地域のクラスターや海外の経営トップとの交流の場を設け、人的ネットワークの形成を支援している。

3．クラスターでの活動の成果

当社がクラスターでの活動に参画したことによって得た成果としては、第一にネットワーク化によって、アナログLSIのテストシステムの開発（厚労省補助事業）など、新しい事業にチャレンジするきっかけとなったことがある。これには、競合他社や顧客との情報交換、産学連携、あるいは公的機関の補助が役立った。

第二に、大分県近辺の企業が連携して製品を製造するノウハウを構築できたことがある。具体的には、大手半導体製造装置メーカーが自社製品に組み込む半導体を自社ブランドで開発したいとのニーズを有していた。これに対して、ウェハーの製造こそ海外の大手ファウンドリで行ったものの、製品の企画・開発、試作・検証、量産・出荷、及びこれらの各段階での評価・テストまでの殆どの工程を推進会議の会員企業で担当し、ODM(注7)を行ったのである。このような例は全国的に見ても稀有であり、大分県のLSIクラスター、あるいは九州のシリコン・クラスターの底力と今後の可能性を示している。

4．シリコン・クラスターの今後と当社の戦略

①シリコン・クラスターの可能性

シリコン・クラスターの今後の市場としては自動車産業が有望である。自動車のエレクトロニクス化が進んだため、トヨタやデンソーは既に自社で半導体製造工場を保有している。EV

化・HV化と自動運転の発展から見て、センサーを中心としたエレクトロニクス化が一段と進む。これらの技術は自動車のセットメーカーにとっては虎の子の最先端技術であり、国内で維持される可能性が高いだろう。すると、その周辺の技術やサービスに対する需要も国内で増大するだろう。また、自動車産業のみならず、IoTが多様な産業で進展することが見込まれ、半導体関連産業にとって大きなビジネスチャンスとなる。

また、半導体産業では、各メーカーが競争優位を持つ分野に特化することを目的とする集約・統合の動きが続くだろう（例：ソニーのセンサー、東芝のメモリー、ルネサスの車載マイコン）。加えて、電子部品全体に視野を広げると、モジュール化された製品について、村田製作所、日本電産、TDKのようないわゆる電子部品専業メーカーが世界市場で高いシェアを押さえている。

このような情勢を踏まえると、おおいたLSIクラスター内、あるいは九州のシリコン・クラスター内の企業には、1社専属でなく、技術力を基に多様なサービスを多くの企業に提案する能力が一段と求められる。そのためにも、クラスター内での産学間、あるいは企業間の連携の意義は大きい。連携によって多様なシード技術を迅速に事業化しデファクト・スタンダード化することがクラスターの発展にとって従来以上に重要になるだろう。

②当社の戦略

顧客であるメーカーがグローバル化しているため、技術力を基礎として自立し「価値」を提案することによって顧客を増やし販路を広げることが重要である。当社が得意とするアナログ半導体(注8)の設計・開発では、デジタル半導体以上に経験と技術が大切であり、多様なステークホルダーとのフェース・ツー・フェースの情報の交換や摺り合わせが必要である。この強みを基に、クラスターでの連携も交えて今後の事業を展開する。

また、既に台湾企業との連携を事業化につなげているが、今後は中国への販路拡大を目指す意向である。

(4)九州のシリコン・クラスターと地域活性化

九州の半導体関連産業は長らく低調な推移を余儀なくされてきたが、厳しい再編の過程を経て生産性の向上と高付加価値化に努めた。これに、セットメーカーの工場が近接する自動車産業でのエレクトロニクス化や今後のＩｏＴに向けた流れもあり、反転攻勢の時期を迎えている。そのための環境整備に寄与したのが九州全域でのシリコン・クラスター高度化の取り組みである。各県でのクラスターの支援機関の活動に加えて、ＳＩＩＱが九州全域を対象として行っているイノベーション、マーケティングやネットワーキングの支援も寄与し、企業間や産学間の連携を通じて個々の企業が自社の強みを活かした事業展開を一段と進めている。例えば、㈱エリアは、九州シリコン・クラスターの集積を活用し事業の高度化・広域化を目指しており、中小企業にとってもクラスターでの活動が経営の高度化に有効であることが示唆されている。支援機関と企業はともに海外との広域連携にクラスター高度化の今後の方向性を見出している。

4 伝統産業のクラスターとしての新潟市のニューフードバレー特区

(1) フードバレーと農商工連携による6次産業化

クラスターにはさまざまな形態がある。九州のシリコン・クラスターのような先端的な製造業によるものが注目されがちであるが、伝統的な産業のクラスターが地域の競争優位の維持・向上に寄与するケースもある。例えば、農業、食料品関連産業のクラスター、すなわち「フードバレー」について、ポーターはカリフォルニアのワイン・クラスターを例示している。また、オランダのワーヘニンゲンでは世界的なフードバレーが構築されており、オランダが農産物の輸出国として世界第2位の地位を占める原動力となっている。ワーヘニンゲンのフードバレーにおいても地域の農業生産者だけでなく、国際的な食品関連企業の研究所や地場の大学が地域クラスターを構成することによって、品種改良のようなプロダクト・イノベーションや物流の効率化のようなプロセス・イノベーションを通じて生産性を向上させ輸出競争力を高めている。これは、日本でいうところの「農商工連携による6次産業化」(1次、2次、3次産業の異なる事業者の連携)を地域クラスター内で展開していることを意味している。単なる「6次産業化」は農業生産者(1

次産業）が食品加工（2次産業）や飲食店・宿泊施設（3次産業）といった関連産業に進出し、全体として農業の生産性を高めようとの理念である。しかし、実際には各産業で経営に必要なスキルが異なる。このため、ワーヘニンゲンのフードバレーで実践されているように多様なプレーヤーのクラスター化によって異質な知識のスピルオーバーと交換を促す方がイノベーションにつながる可能性が高いと考えられる。（注9）

(2) 新潟市のニューフードバレー特区と12次産業化

新潟市は２０１４年5月に「ニューフードバレー特区（正式名称：革新的農業実践特区）」として国家戦略特区に指定され、基幹産業育成の方策としての「6次産業化」と特区での新たな取り組みである「12次産業化」を企図している。12次産業化は、6次産業と6分野の事業（①子育て、②教育、③福祉、④保健・医療、⑤エネルギー・環境、⑥交流）の連携を強化することによって地域の活性化を目指すとの概念である。既に述べたように、企業立地促進法の基本計画では農林水産関連業種を含む計画が多数あり、先端的な製造業だけでなく、農林水産関連業種を基幹産業として集積の高度化を目指す地域が多数ある。このことから見て、新潟市の特区での取り組みは、現時点では地域の活性化が農林水産業のような内需型の産業に依存しているなか、伝統産業のクラスターがモデルケースになりうるかという観点からも重要である。

そこで、以下では垂直統合型のビジネスモデルを通じて新潟市内で農商工連携による6次産業化に該当する事業を先駆的に展開し、農家との共存共栄を目指している中小企業の取り組みを紹介する。

（3）ヒアリング事例

事例3　株式会社 冨山(注10)

設　立　1949年（創業1916年）　資本金　1000万円
従業員　54名（関連会社を含む）　所在地　新潟県新潟市
拠　点　本社・物流センター、営業所（長岡市、加茂市）、小売店（農家向け3店、消費者向け3店）
事業内容　肥料、農薬、農業資材の輸入・販売、米穀、農産物の販売、仲介、斡旋、農産物直売所の経営、フランチャイズ事業、農業経営のコンサルタント業務等

1．沿革

当社は、1916年に初代である冨山四平氏（現社長祖父）が創業し、大正時代の末期に肥料の卸売等の農業関連の事業を開始した。戦時統制を受け一時肥料の販売を中断したが、1950年に統制が解除されたため自由販売を再開。1954年に2代目である冨山隆弘氏（現社長父）が法人化した（商号：㈱冨山四平商店）。1992年、現社長冨山道郎氏就任。1994年、商号を現社名に変更。1996年に、肥料や農薬など農業資材を農家等に直接販売する小売店「農家の店『とんとん』」（以下、「とんとん」と略す）の佐渡店を佐渡市畑野に開店したのを皮切りに「とんとん」を展開（現在、直営店は3店舗）。2001年に試験的に中国か

らの化学肥料の輸入を開始し、2004年に中国重慶石川泰安化工有限公司へ出資（出資比率25%）。中国からの化学肥料の輸入増加に備えて、2007年に新潟市北区島見町に本社を移転し、同地に東港物流センターを開設。同年に消費者向けの農産物直売所である「ピカリ産直市場『お富さん』」（以下、「お富さん」と略す）を開店（現在、直営店は2店舗）。2010年に消費者向けの直売所「ピカリ産直市場『Tommy's』」（以下、「Tommy's」と略す）開店。2013年に、バイオマスによる循環型農業を展開する企業グループの中核である㈱開成（新潟県村上市）に1000万円を出資。2014年に耕作放棄地の再生や農業ビジネスのコンサルティングを行う㈱マイファーム（京都市）に900万円を出資。同年、設立60周年を迎え、2016年には創業100年を迎えた。

2．垂直統合型のビジネスモデルへの取組み

①これまでの経緯

1990年代に、ホームセンター（HC）が農業部門に進出し除草剤を販売したのに加え、県外の同業者が低価格で化学肥料を販売したため、当社はビジネスモデルを変革する必要に迫られた。当時、150の販売先の内、年間販売額1千万円以上の取引先約30先で年商の8割を占めていた。また、商社や肥料・農薬販売店等の卸売先からの売掛金の回収は、農家の収穫時期に合わせて盆暮れに行っていたため、運転資金を確保する必要があった。

変革のために、農家への現金による小売、すなわち「キャッシュ・アンド・キャリー」が必要と考え、1996年に「とんとん」佐渡店を出店し肥料・農薬や各種の資材・機材の直接販売を開始した。これは、佐渡島には農協以外の競合相手がいないことと、島民の新しもの好きの気性を考慮したものである。すると、出店初年度に1億8千万円超の売り上げを記録した。この内肥料・農薬の売上は8千万円であり、当時の第1位の顧客への販売額（6千万円）を上回った。さらに、現金での売り上げであるため資金繰りの改善にも寄与した。この結果に手応えを得て、1998年に新潟本土でも同時に3店舗（神林、豊栄、三和村）を開店した。

また、肥料メーカーはアウトサイダーに対する販売に消極的であったため、農業分野に進出したいHCは仕入れに苦慮していた。このため、大手HCから要請を受け白根市でHCのフランチャイズチェーンでの出店を引き受け、肥料・農薬、農業資材の販売に力を入れた。しかし、肥料メーカーは販売地域を定めて特約店に商品を卸していたため、県外のHCへの販売ができなかった。そこで、2001年に試験的に中国からの肥料の輸入を開始した。中国製の肥料は国産品に比べると品質の絶対的な水準ではやや劣るが、費用対効果は許容範囲であった。大手HCを通じてこの肥料を販売したところ、日本全国のHCから引き合いが急増した。このため、肥料を輸出する中国のメーカーに工場増床の資金を提供するために、2004年に合弁会社を設立し出資した。

2007年に物流機能を一元化するために本社を現在地に移したため、旧本社の土地が遊休化した。農家への小売（直接販売）は「とんとん」で行っていたが、一般消費者に農家の生産物を直販する機能を持っていなかったため、遊休地に農産物直売所「お富さん」を開店した。その後、2010年に万代島に直売所を開店し名称を「Tommy's」とした。（注11）

このように、当社は垂直統合型のビジネスモデルでバリューチェーンを構築してきた。これは、「農家が豊かになれば、当社も豊かになる」という共存共栄の信念に基づいている。ただ、この信念を実現するためには、農家と農業に関連する当社のビジネスをさらに活性化することが必要と考え、バリューチェーンのブラッシュアップに取り組んできた。

②農家と農業関連ビジネスの活性化のための取組み

農家が活性化するためには生産性の向上が決定的に重要であるが、新潟は雪が多く日照時間も短いことが足枷となる。このため、農作物の栽培ハウスのエネルギーとしてバイオマスで創出した温熱・電気を用い、太陽光発電も使用して循環型農業を行う㈱開成に出資した。循環型農業のような次世代型農業への転換は競争力向上にとって意義が高いと考えている。加えて、当社は、従前から農家に肥料を販売するだけでなく、農作物の種類、生産の場所・時期の企画、肥料の設計（投入時期や配合等の指導）等、生産性向上のためのコンサルティングにも力を入れている。

③今後の戦略

先ず、国内事業の戦略については、第一に、コンサルティング機能の一層の強化が重要と考えている。農家でも特に若い意欲のある従事者には経営感覚の重要性を理解している顧客が少なくないが、今後はマーケティングやブランディング等についてのコンサルティングを従来以上に徹底的に行っていきたいと考えている。特に、循環型農業では、何を作り（商品）、いくらで（価格）、どこに売るか（販路）について、農家自身がマーケティング戦略を構築し、どのように必要な資金を調達するのかについて自律的に考えないと失敗する可能性が高い。また、今のところ日本の農産物はアジアの国々では富裕層を除くと消費者にとっては高価なので、農産物の輸出を飛躍的に拡大させる為には、大量生産する農産物についてどのようにローコスト・オペレーションを実現するかについての戦略が必要である。以上から、農家が「経営感覚」を身につけることが極めて重要となる。したがって、何を作るのかの提案、および栽培・収穫・流通・小売の各段階で生じる問題に対するソリューションを農家に提示できる企業を目指すことが当社の責任であると考えている。

第二に、垂直統合型のビジネスモデルをバリューチェーンの末端までブラッシュアップするために、「Tommy’s」のコンセプトをリニューアルする計画である。その一環として土鍋による炊飯や保存食（鮭・卵・蛸等の燻製、干し柿）の作成方法を消費者に提供する予定である。このような昔ながらの農家のライフスタイルは、若い世代の日本人にとってなじみが薄いがゆえに新鮮であり、新たな価値を提供できると考えている。さらに、日本の「ライフスタイル」に触れることは、インバウンド旅行者にとって貴重な体験になるだろう。

次に、海外事業についての戦略については、「China＋1」を意識してミャンマーへの進出計画を進めている。リーマンショックを端緒として中国政府が肥料の輸出を促進から抑制へと方針を転換するのに先立って第二の進出国を模索していた。こうした中で、日本商工会議所のミャンマー視察のミッションに参加した。農業国であるミャンマーは現状では電力や物流のインフラが不十分であること、及び肥料産業が未熟であることが分かった。しかし、このミッションを契機として、現地の大手食品企業の経営者の知己を得て、信頼関係を構築することができた。同社の契約栽培農場（シャン州、標高１０００～１５００ｍ）を視察したところ、生産者の表情が明るく活力があることに気付いた。このため、ミャンマーの農業は今後の発展が期待でき、当社のビジネスチャンスも大きいと考えている。現地で同社と合弁で肥料工場を起ち上げ、先ずはミャンマー国内に製品を供給するとともに当社がトータルソリューションを農家にコンサルティングする。ミャンマーを拠点として東南アジアにも肥料だけでなくソリューションを提供し、さらに、中国の情勢次第では日本にも肥料を供給することを視野に入れている。

④当社の将来像

これまでの垂直統合型のビジネスモデルをブラッシュアップするとともに、以上のような事業展開によって、当社は、「トータルソリューションカンパニー」、「スマートカンパニー」、および「グローカルカンパニー」という3つの性格を有する企業への進化を目指すこととしている。「トータルソリューションカンパニー」は、当社が有する一般消費者から農家までに至るマルチチャネルの事業を基に、コンサルティング機能を強化して農家の問題を解決するということである。(注12)「スマートカンパニー」は、循環型農業の実現によって農業の新しい価値の創造を支援するということである。「グローカルカンパニー」は、中国を中心としたグローバルなネットワークをミャンマー、東南アジアまで拡大し、より地域に根ざした価値の提供に活かすということである。当社はこの進化を通じて、70億円の売り上げを2020年までに倍の140億円に増やす計画である。

3．農業の成長産業化のための課題

①6次産業化の実効性の向上

「6次産業化」は元々、農業等の第1次産業の生産者が第2次産業（例：食品加工）や第3次産業（例：農家レストラン）の事業に進出し生産性・収益力を向上させるとの発想であるが、それぞれの産業で事業経営に必要とされる専門性やスキルは異なる。若い世代の農業生産者の中にはしっかりした経営センスを有する者もいるが、産業ごとに異なる経営スキルを最適化するためには、農家が単独で6次産業化に取り組むよりも、「餅は餅屋」という発想に基づいて各産業の事業者が連携する「農商工連携による6次産業化」を目指す方が生産性の向上にとって効果的であるように思われる。そのために農商工連携を行う事業者が農地を所有するための仕組みが、主に会社形態で農業を営む法人である「農業生産法人」である。(注13)農業生産法人の「業務執行役員要件」は（a）役員の過半が農業（販売・加工を含む）の常時従事者であること（原則年間150日以上）、（b）さらにその過半が農作業に従事していること（同60日以上）である（傍点筆者）。

新潟市の「ニューフードバレー特区」においては（b）の要件が「役員の1人以上が農作業に従事すればよい」と緩和されており、法人を設立しやすくなっている（傍点筆者）。これを受けて、農機具メーカーや大手小売業者などが特区で農家と連携して特例による農業生産法人（特例農業法人）を設立した。しかし、「構成員要件」の議決権の制限は緩和されていないため、農商工連携事業者（第2、3次産業）等がいる場合の特例においても農業関係者（第1次産業）が総議決権の2分の1以上を保有する（通常の農業生産法人では4分の3以上）。この結果、農業生産法人で農商工連携による事業を経営する場合でも、最終的な経営判断の権限は農家が持つことになる。「会社」形態の農業生産法人においても、迅速な意思決定と決定事項の機動的な展開が経営にとって重要である。会社経営のノウハウや経験が少ない農家が最終的な権限を有することによって、第2次産業や第3次産業の「会社」の「経営」のノウハウ・スピードといった利点が必ずしも活かしきれない可能性があり、農商工連携による6次産業化を円滑に進める上で不安が残るのではないだろうか。

一方、農家への経営感覚の醸成という見地からは、6次産業化に関与する企業、特に大手小売業者は、質が高く差別化できる農産物を適正な価格で買い取り、農家の競争力向上に寄与するとの視点を持つことも重要である。そうした視点がないと、生産物へのニーズや価格に対する鋭敏さが農家の中で育まれない恐れがあるからである。

②新潟市の「12次産業化」の視点

新潟市は6次産業化に「子育て」「教育」「福祉」「保健・医療」「エネルギー・環境」「交流」を加えた「12次産業化」を進めるとしている。いわば、市全域で老若男女を問わず農業への理解と関与を促進する方針であり、理解の促進による後継者の育成、循環型農業による環境保全、あるいはグリーンツーリズム等による交流人口の拡大によって地域の活性化を目指している。ただ、これらの試みを産業として自立させるためには工夫が必要であろう。

例えば、「福祉」について当社は㈱たくみファーム（新潟市）に協力している。同社は「農福連携」での事業を創造するために2015年8月に設立された特例農業法人であり、農業の担い手の補助としてバックヤードでの作業のために障がい者を雇用している。この連携は、障がい者のリハビリテーションやノーマライゼーションに寄与するとともに循環型農業を通して地域を活性化し、障がい者の受け入れに理解のある地域を作ることを目指している。是非成功してほしいと考え、同社の農福連携のビジネスモデルの確立のために、当社は作物の栽培を指導し、生産物を「お冨さん」で販売する予定である。(注14)

また、「交流」については、例えばインバウンド観光客による交流人口の拡大のためには、農家レストランや農家民泊の経営にも工夫の余地があろう。インバウンド観光客を引きつけるためには、まず日本人にとっても魅力的なコンテンツが必要と考えられる。既に述べた「Tommy's」のリニューアル後に取り組む計画である「昔ながらのライフスタイルの再現」(土鍋による炊飯や燻製等の保存食作りの提供)のような独自性が12次産業化には必要ではないだろうか。

③政策支援の方向性

政府は現在、農地中間管理機構(農地集積バンク)を通じた耕作放棄地の集約等による農地の大規模化に力を入れており、今後も着実に取り組むことがフードバレーの構築にとって重要であることに異論はない。ただ、企業経営者としての視点からは、農家を活性化するためには従来とは異なる発想での政策支援も必要ではないかと考えている。

例えば第一に、現在の太陽光発電の電力買い取りはメガソーラーを運営できる大規模事業者にとっては収益性が高い。しかし、使用する土地の面積に比べて必要とする人員数はごく僅かであるため、雇用の創出という面では今一歩である。むしろ、農地全体の中で遊休化している部分へのソーラーパネルの設置についての規制を緩和し、農家から余剰電力を優先的に買い取る仕組みを作ると良いのではないか。これは、農家にとって安定収入にもなり競争力の向上や農家での雇用の維持にも資するだろう。新潟市の特区でこうした制度の導入を検討してはどうだろうか。なお、パネルの設置に政策的な補助や制度融資を付与することも考えられる。

第二に、新潟市の特区がオランダのようなフードバレーの構築を目指すのであれば、「経営感覚」を農業に根付かせることが死活的に重要である。補助金による支援は一回交付して終わりではなく、経営のＰＤＣＡを回すことを条件づけることも検討に値するのではないだろうか。

（4）６次産業化関連統計の分析

以下では、「ニューフードバレー特区」に指定されている新潟市と同市に近接する自治体（新発田市、五泉市、阿賀野市、胎内市、聖籠町、田上町）を含めた「新潟経済圏」(注15)を対象として、（農商工連携による）６次産業化に関連する統計を分析する。(注16)

先ず、農業経営体(注17)の数と法人化率をみる（**図表Ⅱ-7**）。農業経営体数は２００５年から２０１０年にかけて全国、北海道、新潟市はいずれも10％超減少したが、新潟経済圏は約６％の減少に止まった。構成比は新潟市、新潟経済圏、及び北海道ではそれぞれわずかに上昇した。

この間、新潟市と新潟経済圏の法人化率の上昇幅は北海道には及ばないが全国を上回った。しかし、新潟市と新潟経済圏の２０１０年の法人化率は北海道と全国を下回っている。２０１５年には北海道の法人化率は8%台半ば、全国は約2%へとそれぞれ上昇を続けており、新潟市、及び新潟経済圏も農業の経営近代化の環境整備のために法人化を加速する必要があることが示唆されている。冨山社長が指摘していた議決権の農業生産者への集中の是非については別途考慮を要するものの、農商工連携による6次産業化の主体のガバナンスを確立する上での第一歩として法人化の加速は重要と思われる。なお、法人化は通常の農業の経営近代化にとっても重要である。

ここで、農業経営体の収入をみると(**図表Ⅱ-8**)、全国では2010年には2005年に比べて8%以上減少し、7・5兆円であった。同期間中、新潟市の減少率は二桁に達し全国を上回ったのに対

(図表Ⅱ-7)農業経営体数と法人化率

	年	農業経営体数			増減率		
		2005	2010	2015	2005-2010	2010-2015	2005-2015
全国		2,009,380	1,679,084	1,374,576	▲16.4%	▲18.1%	▲31.6%
	法人化率	0.95%	1.28%	1.97%	−	−	−
新潟市		11,404	9,879	−	▲13.4%	−	−
	法人化率	0.66%	1.19%	−	−	−	−
	構成比	0.57%	0.59%	−	−	−	−
新潟経済圏		21,444	20,110	−	▲6.2%	−	−
	法人化率	0.69%	1.21%	−	−	−	−
	構成比	1.07%	1.20%	−	−	−	−
(参考)北海道		54,616	46,549	40,283	▲14.8%	▲13.5%	▲25.3%
	法人化率	4.91%	6.52%	8.67%	−	−	−
	構成比	2.72%	2.77%	2.93%	−	−	−

【出典】
農林水産省「農林業センサス」再編加工(RESASによる)、2015年農林業センサス
【その他の留意点】
・「法人化率」=法人形態の経営体数÷経営体数
(「法人」とは、農事組合法人、会社、農協等をいう。)
・新潟経済圏は、新潟市、新発田市、五泉市、阿賀野市、胎内市、聖籠町、田上町
・2005年の新潟市と新潟経済圏には、同年3月に編入された豊栄市、亀田町、横越町、新津市、小須戸町、白根市、味方村、月潟村、中之口村、西川町、潟東村、岩室村、及び同年10月に編入された巻町を含む
・2008年1月の燕市との境界変更の影響は考慮していない

して、新潟経済圏の減少率は全国の減少率を下回った。これは、新潟市以外の新潟経済圏が僅かな減少に止まったためである。ここから、新潟経済圏の中では新潟市よりもそれ以外の地域の方が農業（経営体）の競争力が相対的に高いとの推測が成り立つ。

部門別にみると、新潟市以外の新潟経済圏では、新発田市と胎内市での上昇を主因として、収入に占める養豚の構成比が２００５年の約４％から２０１０年には約９％へと大きく上昇した。一方、稲作の構成比は全ての自治体で減少したため４割台半ばへと大きく低下した。稲作の収入が多い新潟市でも同期間中に稲作の収入が減少したものの、その他の部門の収入がより大きく減少したため、稲作の構成比は５割弱へと上昇した。これらからは、労働力や農地等の生産要素に関する供給制約が大きくなく、フードバレーとしての新潟経済圏の中で、新潟市は稲作で主たる役割を担い、新潟市以外の地域は養豚や肉用牛、あるいはその他の畜産に比重を移すことによって、クラスター内での機能分担が１次産業である農業経営体の中で進んだことが示唆されている。

次に、２次産業である食料品製造業の新潟経済圏の中での位置づけを把握するために２０１２年の付加価値額と労働生産性をみると（図表Ⅱ-９）、新潟市の付加価値額は全国の１％強を占め、労働生産性（４・７百万円／人）は全国（４・５百万円／人）をやや上回っている。しかし、新潟経済圏の生産性（４・３百万円／人）は全国を下回っている。これは新潟市以外の新潟経済圏の生産性（３・０百万円／人）が新潟市に比べて低いためである。この結果からは、新潟経済圏の内部では新潟市がそれ以外の地域よりも食料品製造業の競争力が高いことが分かる。

ここで、農業経営体の農業生産関連事業の実施状況を基に農商工連携によらない６次産業化の状況をみると（図表Ⅱ-10）、２０１０年に関連事業（農産物の加工、消費者に直接販売、貸農園・体験農園等、観光農園、農家民宿、農家レストラン、海外への輸出、その他）を実施している経営体の割合は、全国では２００５年に比べて３%超上昇し約21%となったが、新潟市はほぼ横ばいの約20%であった。また、新潟経済圏は２０１０年に約18%であり、新潟市以外の地域の実施割合が新潟市よりも低いことが分かる。

新潟経済圏			新潟経済圏（新潟市以外）			
2005	2010	増減	2005	2010	増減	年
113.2	103.9	▲9.3	49.3	48.1	▲1.2	部門別農業収入（10億円）
		▲8.2			▲2.4	増減率（%）
100.0	100.0	0.0	100.0	100.0	0.0	構成比（%） 合計
48.9	47.3	▲1.6	53.5	46.6	▲6.9	稲作
0.0	0.0	▲0.0	0.0	0.0	▲0.0	麦類作
0.4	0.4	0.0	0.2	0.4	+0.2	雑穀・いも類・豆類
2.6	2.1	▲0.5	2.2	1.8	▲0.4	工芸農作物
4.9	5.6	+0.6	1.5	2.2	+0.7	露地野菜
3.4	3.7	+0.3	1.2	1.4	+0.3	施設野菜
3.0	3.3	+0.3	0.7	0.8	+0.1	果樹類
8.9	6.4	▲2.5	4.4	3.3	▲1.1	花き・花木
2.0	3.0	+1.0	2.9	4.4	+1.5	その他の作物
4.5	3.9	▲0.5	6.4	5.6	▲0.8	酪農
2.1	2.4	+0.3	4.0	4.6	+0.6	肉用牛
4.3	6.8	+2.5	4.1	9.2	+5.1	養豚
6.0	5.3	▲0.8	12.1	10.3	▲1.8	養鶏
0.0	0.0	0.0	0.0	0.0	0.0	養蚕
0.0	1.0	+1.0	0.0	2.1	+2.1	その他の畜産
5.9	5.9	+0.1	3.6	3.6	0.0	分類不能
3.2	2.8	▲0.3	3.3	3.7	+0.5	農作業請負収入

【その他の留意点】
・最上位層の中位数は10億円として計上
・農業部門別販売金額は、①単一経営経営体については、主位部門の販売金額の10割、②準単一複合経営経営体については、主位部門の販売金額の８割と２位部門の推定販売金額の２割を合算、③複合経営経営体については、主位部門の販売金額の６割、を部門別に合算
・上記で分類できない部分については、「その他（分類不能）」としている
・新潟経済圏は、新潟市、新発田市、五泉市、阿賀野市、胎内市、聖籠町、田上町

６次産業化に該当するとみなすことのできる事業（関連事業の要素の中で、「海外への輸出」と「その他」以外）の内、最も多く実施されているのは「消費者に直接販売」であり、全国、新潟市、新潟経済圏のいずれにおいても２０１０年に85％を上回っている。これは、農業経営体にとって比較的に取り組みやすいものであるが、農協を含む流通業者に支払う中間マージンの削減以外には大きな収益改善効果は認めにくい。これに続くのは付加価値の増加に寄与しうる「農産物の加工」であるが、全国、新潟市、新潟経済圏のい

（図表Ⅱ－８）農業経営体の部門別収入

		全国			新潟市		
	年	2005	2010	増減	2005	2010	増減
部門別農業収入（10億円）		8,159.6	7,462.2	▲697.4	63.9	55.8	▲8.1
	増減率（%）			▲8.5			▲12.7
構成比（%）	合計	100.0	100.0	0.0	100.0	100.0	0.0
	稲作	15.9	16.8	+0.9	45.2	47.8	+2.6
	麦類作	0.8	0.6	▲0.2	0.0	0.0	▲0.0
	雑穀・いも類・豆類	1.8	2.2	+0.4	0.6	0.5	▲0.1
	工芸農作物	4.3	3.2	▲1.1	2.9	2.3	▲0.5
	露地野菜	8.8	9.3	+0.5	7.6	8.5	+0.9
	施設野菜	10.2	9.9	▲0.3	5.2	5.7	+0.5
	果樹類	7.2	6.8	▲0.4	4.7	5.4	+0.7
	花き・花木	6.1	5.5	▲0.6	12.4	9.1	▲3.3
	その他の作物	2.5	2.6	0.0	1.3	1.9	+0.5
	酪農	10.3	10.6	+0.3	3.0	2.5	▲0.5
	肉用牛	8.3	8.5	+0.2	0.6	0.5	▲0.1
	養豚	5.5	5.9	+0.4	4.4	4.8	+0.4
	養鶏	7.1	7.1	+0.1	1.4	0.9	▲0.5
	養蚕	0.0	0.0	▲0.0	0.0	0.0	0.0
	その他の畜産	0.8	0.8	0.0	0.0	0.2	+0.1
	分類不能	6.4	6.0	▲0.4	7.6	7.9	+0.3
	農作業請負収入	4.1	4.3	+0.2	3.1	2.1	▲1.0

【出典】
農林水産省「農林業センサス」再編加工（ＲＥＳＡＳによる）
【注記】
農産物の販売金額は、下式による推計値
販売金額＝Σ（各階層中位数×各階層経営体数）ただし、経営体は販売のあったもの

（図表Ⅱ－９）食料品製造業の付加価値額と労働生産性（2012年:企業単位）

		付加価値額（10億円）	従業員数（千人）	労働生産性（千円/人）
全国		5,381.1	1,183.8	4,546
新潟市		66.8	14.3	4,684
	構成比（%）	1.2	1.2	－
新潟経済圏		80.8	18.9	4,267
	構成比（%）	1.5	1.6	－
新潟経済圏（新潟市以外）		14.0	4.7	2,997
	構成比（%）	0.3	0.4	－
（参考）北海道		230.7	67.8	3,402
	構成比（%）	4.3	5.7	－

【出典】総務省・経済産業省「平成24年経済センサス－活動調査」再編加工（ＲＥＳＡＳによる）
【注記】労働生産性＝付加価値額÷従業者数
【その他の留意点】
・新潟経済圏は、新潟市、新発田市、五泉市、阿賀野市、胎内市、聖籠町、田上町
・平成24年経済センサス－活動調査においては、東日本大震災の影響で、福島県楢葉町、福島県富岡町、福島県大熊町、福島県双葉町、福島県浪江町、福島県葛尾村、福島県飯舘村の調査は行っていない。

新潟経済圏			（参考）北海道				
2005年①	2010年②	②－①	2005年①	2010年②	②－①		
－	3,607	－	7,245	6,453	▲792	農業生産関連事業を実施している農業経営体実数	
－	17.94%	－	13.27%	13.86%	＋0.59%	農業生産関連事業の実施割合（重複除き）	
4.69%	8.01%	＋3.32%	9.13%	13.59%	＋4.46%	農産物の加工	関連事業の要素別の実施割合
91.30%	87.50%	▲3.80%	77.83%	67.26%	▲10.57%	消費者に直接販売	
0.51%	1.27%	＋0.76%	3.31%	5.81%	＋2.50%	貸農園・体験農園等	
1.26%	1.63%	＋0.37%	3.87%	5.06%	＋1.19%	観光農園	
0.02%	0.05%	＋0.03%	0.67%	3.19%	＋2.52%	農家民宿	
0.12%	0.13%	＋0.01%	0.93%	1.45%	＋0.52%	農家レストラン	
－	0.48%	－	－	0.14%	－	海外への輸出	
2.10%	0.94%	▲1.16%	4.25%	3.49%	▲0.76%	その他	

村、岩室村、及び同年10月に編入された巻町を含む
・2008年１月の燕市との境界変更の影響は考慮していない
・関連事業の要素別の実施割合は、複数の要素を実施する農業経営体が重複して計上されている（分母は各要素の実施経営体数の合計）
・2005年の海外への輸出は未調査、2005年の新潟市、新潟圏の農業生産関連事業を実施している農業経営体の実数は未公表

ずれも１割に満たない。ここで注目すべきは、２０１０年に北海道で「消費者に直接販売」が３分の２を占めてはいるものの、２００５年に比べて実施割合が約10%低下し、その他の要素の割合が上昇していることである。これは、消費者への直接販売を軸にしつつも、付加価値の増加につながる２次産業、３次産業に該当する関連事業を組み合わせて生産性を向上させる動きが起きていることを示している。新潟市と新潟経済圏でも「消費者に直接販売」の比率は２０１０年にそれぞれ４%程度低下し、「農産物の加工」がそれぞれ３%程度上昇したが、直接販売以外の３次産業に該当する関連事業へのシフトは総じて鈍い。これらの要素は消費者向けの「サービス」の提供であり、特に接客の質が付加価値の源泉である。これには独自のノウハウが必要であ

(図表Ⅱ－10) 農業経営体の農業生産関連事業の実施状況

		全国			新潟市		
		2005年 ①	2010年 ②	②－①	2005年 ①	2010年 ②	②－①
農業生産関連事業を実施している農業経営体実数		353,381	351,494	▲1,887	－	1,965	－
農業生産関連事業の実施割合（重複除き）		17.59%	20.94%	3.35%	19.98%	19.89%	▲0.09%
関連事業の要素別の実施割合	農産物の加工	6.27%	8.88%	＋2.61%	5.55%	8.47%	＋2.92%
	消費者に直接販売	86.85%	85.53%	▲1.32%	91.04%	87.04%	▲4.00%
	貸農園・体験農園等	1.05%	1.52%	＋0.47%	0.78%	1.73%	＋0.95%
	観光農園	1.99%	2.28%	＋0.29%	0.82%	0.70%	▲0.12%
	農家民宿	0.39%	0.52%	＋0.13%	0.04%	0.00%	▲0.04%
	農家レストラン	0.22%	0.32%	＋0.10%	0.12%	0.09%	▲0.03%
	海外への輸出	－	0.12%	－	－	0.75%	－
	その他	3.23%	0.83%	▲2.40%	1.64%	1.22%	▲0.42%

【出典】
農林水産省「農林業センサス」再編加工（ＲＥＳＡＳによる）
【その他の留意点】
・新潟経済圏は、新潟市、新発田市、五泉市、阿賀野市、胎内市、聖籠町、田上町（ＲＥＳＡＳによる）
・2005年の新潟市と新潟経済圏には、同年３月に編入された豊栄市、亀田町、横越町、新津市、小須戸町、白根市、味方村、月潟村、中之口村、西川町、潟東

り、専門のスキルを有する3次産業の企業との連携、すなわち、農商工連携が有効と考えられる。また、「農産物の加工」についても、生産した加工食品のマーケティングやブランディング等の経営戦略を蔑ろにすれば、最終的には価格競争に巻き込まれる可能性が高い。

(5) 新潟市のニューフードバレー特区と地域活性化

以上からは、新潟経済圏をフードバレーとみなし供給制約がないとすれば、農業については、稲作は新潟市が、養豚等の他の部門は新潟市以外の地域が主要な役割を担い、農産物の加工を新潟市の食料品製造業が担うことがクラスターの競争力向上と地域活性化のために合理的と考えられる。したがって、新潟市のニューフードバレー特区での6次産業化、あるいは12次産業化の取り組みは、近接している新潟経済圏の自治体の農業生産者等との連携も視野に入れることが重要である。また、農業部門、すなわち1次産業の生産者だけで6次産業化を推進することには、大きな困難が予想される。事例3からも窺われるように、2次産業、3次産業からの「知識のスピルオーバー」を活用するためにも6次産業化は農商工連携を通じて実施する方がフードバレーの構築にとって効率的であろう。その際、農業部門に「経営感覚」を醸成することが決定的に重要である。これを欠くと、迅速かつ適切な意思決定を容易にはできずビジネスチャンスを逸するか、あるいはリスクの回避が遅れかねないからである。「経営感覚」の醸成を促す手段としては農商工連携による6次産業化の受け皿となる事業体のガバナンス体制の整備が考えられ、その第一歩

として農業経営体の法人化率の引き上げの加速が重要であろう

5 クラスター・マネジメントの重要性

（1）クラスター政策の方向性

２０１４年３月に、経済産業省の産業構造審議会地域経済産業分科会工場立地法検討小委員会は、「今後の地域経済活性化施策の方向性」を公表した。クラスター政策の目指すべき方向性として、①特に販売先を明確にイメージした事業化への道筋も盛り込んだ計画の策定（出口戦略の明確化）、②各地のクラスター計画の推進組織へのクラスター・マネージャーの配置とそれを支える事務局機能の強化（強力なクラスター・マネジメント機能の確立）、③主体的に事業化を進めることでプロジェクトの中核を担う企業のクラスターへの参画の一層の促進(中核企業の参画)、④個々のクラスターの特性や強みを活かした広域的なクラスター間連携の推進（広域的なクラスター間連携の推進）を挙げている。また、事例１からは、クラスターの構成員の紐帯となりクラスター・マネジメント機能を果たす機関あるいは人物の重要性が浮かび上がる。

事例4　次世代グリーンデバイス関連産業創出事業（注18）

中国地方に集積する電気・電子デバイス関連企業の支援を目的とする中国経済産業局の事業で、イノベーションによる市場開拓を目指している。活動としては、中小企業のほか大手企業や大学研究者も参加する研究会やシーズ技術と技術ニーズの広域でのマッチングなどがある。

1．事業の概要

①背景

中国経済産業局の管内には、備後・井笠地域を中心とする半導体製造装置の集積を始めとして、広範囲に部素材を含む電気・電子デバイス関連の企業が展開しており、フラットパネルディスプレー（ＦＰＤ）や結晶系太陽電池の製造プロセスの分野にも進出してきた。各分野とも新興国との競争に晒される中で、新たな成長分野への技術の応用と製品化を模索している。この過程で、瀬戸内海沿岸に立地・集積している化学（素材）メーカーとの連携や、印刷・コーティング技術の電子デバイス分野への応用も進展している。

②目的

管内企業のポテンシャルを調べたところ、特に、（ⅰ）フレキシブル・エレクトロニクス（FE）、（ⅱ）有機EL・無機EL照明分野（EL）、（ⅲ）次世代パワーデバイス分野（PD）という3分野に対する関心が高かった。このため、これらを「重点3分野」として電気・電子デバイス分野でのイノベーションによる市場の開拓を目指すこととした。産学双方で高名なエレクトロニクス関連業界の出身者をクラスター・マネージャー（あるいはコーディネーター）として招聘し、公益社団法人中国地方総合研究センター（CRRC）に事務局機能を委託し「次世代グリーンデバイス関連産業創出事業」を展開している。

具体的には、（ⅰ）については、デバイスの基板材料を現在の主流である大型ガラスから軽量・柔軟なフィルムや金属のシート等に転換し、コーティングやR to R技術[注19]も応用して連続生産・低コスト化を可能にすることを目指している。（ⅱ）については、軽量・薄型・面発光のほか、フレキシブルに展開できる可能性を持ち、発光効率の高さや低消費電力、演色性（光源によって照らされた物の色の見え方）の高さに加え、目に優しいといった特長を備える次世代型照明の開発を目指している。（ⅲ）については、超高温、大電圧、高周波数、放射線などに対して従来以上の耐性を有する次世代型のパワーデバイス（電圧や電流、周波数を効率的に制御するための半導体デバイス）を炭化ケイ素（SiC）[注20]や窒化ガリウム（GaN）[注21]を用いて開発することを目指している。

この事業には、大手の化学メーカー、デバイスメーカー、半導体製造装置、印刷機械、材料等の地域中核企業と中小企業、大学、公設試験研究機関（公設試）、産業支援機関等が参加している。

2．事業の内容

①概要

第一に、クラスター・マネージャー（またはコーディネーター）による個別プロジェクトの創出と研究開発・出口戦略の策定、およびその基盤となる研究会、ニーズ・シーズ発信会などネットワーク強化のための活動を展開している。具体的には、（ⅰ）域内企業のポテンシャルの整理、（ⅱ）有望なアプリケーションの絞り込み、（ⅲ）大手化学メーカー、デバイスメーカー等によるニーズ発信会、（ⅳ）地域中小企業からのシーズ発表、（ⅴ）研究会の開催、及び（ⅵ）試作などを行っている。

第二に、クラスター活動の広域化にも取り組んでおり、近畿、九州、東北のクラスターとの連携を進めている。例えば、それぞれの地域で行われる技術セミナーの内容を相互に紹介するなどの情報共有を行っている。また、研究会の参加企業のニーズ・シーズ発信会では、大企業はニーズを出し、中堅・中小企業がシーズを基に提案するが、連携している他地域の企業とも情報交換をしており、商談が進んでいる案件もある。

②中心的活動としての研究会

以上の中で、現在の中心的な活動は、(v) に挙げた重点3分野の各研究会である。これによって、国内外の技術開発や市場のニーズの情勢についての情報を共有し、研究会でテーマとするプロジェクトの具体化を進めている。プロジェクトが具体化すると、少人数のワーキング・グループ会議で議論を深めており、試作につながる例も出ている。

研究会のメンバーについては、クラスター・マネージャーが自身のインフォーマルなネットワークを用いて、プロジェクトのテーマに必要と想定される要素技術等のポテンシャルを有する関係者、例えば地場の中小企業だけでなく、大手企業や大学研究者にも声をかけて参加を促している。

③シーズ技術と技術ニーズの発掘・マッチング

また、上記の (iii) 大手メーカーのニーズ発信会と (iv) 地域中小企業からのシーズ発表によって、共同研究・共同開発や試作等についてのマッチングを行っている。このようなマッチングでは、大手企業と地域中小企業の知的財産権や製品開発あるいはマーケティングの戦略についての機微情報を一定程度開示することが必要になるため、事務局が中立的な立場で仲介役を担っている。

3．クラスター・マネジメントの重要性

①クラスター・マネージャーの役割と求められる資質

関係者間の信頼の醸成には、クラスター・マネージャーが果たす役割も大きい。研究会のメンバーには大学の研究者も入っているが、クラスター・マネージャーが研究者の研究内容だけでなく意向や産学連携に対する理解度まで把握して、参加を呼び掛ける場合もある。重点3分野のコーディネーター3人（うち一人がクラスター・マネージャーを兼務）はそれぞれの分野に関係する域内中小企業のポテンシャルを把握しているが、特にクラスター・マネージャーは大手企業だけではなく、中小企業の支援機関で多くの企業と関係を深めていたため、幅広い経験・知識・人脈を有しており、3分野全ての活動に対して有益な助言を与えている。

研究会での重点テーマの設定や参加者の招聘にあたっては、クラスター・マネージャーは企業の申し出を待つのではなく、能動的に（特に、中小）企業の経営者の意向や技術特性等を把握し、機動的に組み合わせる能力が必要である。また、中小企業は自社の虎の子の技術（知的財産権）が流出することを恐れるため、クラスター・マネージャーは中小企業から信頼を得ていることも重要である。

②事務局との連携

クラスター事業を円滑に進めるために、経済産業局・事務局はクラスター・マネージャーやコーディネーターと頻繁に接触して認識を摺り合わせている。具体的には事務局とクラスター・マネージャーは毎月１、２回情報を交換しており、クラスター・マネージャーが企業を訪問する際には多くの場合事務局も同行している。研究会とワーキング・グループ会議は分野毎に年２回、全分野のコーディネーターが集合する会合も年２回開催しており、経済産業局、事務局、コーディネーターの間でプロジェクトの進捗状況に対する認識の共有や今後の進め方等についての意思統一ができている。

４．今後の方向性

第一に、試作・製品化への展開を本格化する方針である。現在、研究会の活動を基に、試作を一部で行っているが、２０１６年度からは実用化・量産化に向けた共同開発、販路開拓、資金獲得サポートを実施する予定である。

第二に、クラスター活動の広域化を一層進める方針である。国内では、経済産業局間、支援機関間(注22)でも相互に情報を共有しているため精度の高い情報が集まり信頼関係も構築されている。ただ、海外との連携はこれからの課題と考えている。海外にクラスター内のコア技術が流出しないようにすべきであるため、試作や量産準備等、より市場化が近付いた段階で、海外との適切な役割分担や信頼関係の構築を含めた様々な事項を考慮することが連携の前提になるだろう。

6 クラスターの発展による地域活性化のための課題

クラスターの発展による地域経済の活性化について述べてきたが、今後の課題について以下の点を指摘できる。

第一に、クラスター内の知識・技術、経営スキル等のスピルオーバー・交換を円滑化しシナジーを創出するためには、多様なプレーヤーの連携が重要である。大分ＬＳＩクラスターでの連携で中小企業が中心的役割を担っており、新潟市が構築を目指すニューフードバレーでも多くの中小企業が農商工連携の主要なプレーヤーとなることが期待される。従って、中小企業も連携によりビジネスを高度化し地域経済の活性化に寄与しうる。

第二に、一つのクラスター内で知識・技術、経営スキル等を含む全ての経営資源が揃うとは限らないので、海外を含めて他地域の企業やクラスターとの広域連携の体制を構築することが、今後の課題である。

第三に、域内あるいは他地域との連携の推進のためにはクラスター・マネジメント機能の強化が重要である。クラスター・マネージャーは個人的ネットワークも用いて能動的に活動することにより、多様なプレーヤー間の紐帯として信頼関係を醸成し、イノベーションを起こすために多分野にわたる知識や技術を組み合わせる力量が必要である。

第四に、クラスター・マネージャーの人材の連続的輩出も課題である。現状では、民間企業のエンジニアＯＢが支援機関で担うケースが多いと思われるが、他地域のクラスターとの連携の範囲が個人的なネットワークに限定される。このため、連携の広域化には国内のクラスター形成の支援機関のクラスター・マネージャーあるいは他の中小企業の支援機関に属しているコーディネーターのネットワークを結合することが望ましい。

第五に、クラスターの構築あるいは高度化を支援するための政策の対象とする範囲は特定の行政管轄に収まらないこともあるので、企業立地促進法の基本計画（ブリッジ計画・広域計画を含む）のように、行政管轄に捉われない柔軟な対応が望ましい。

【注】

（1）ＳＩＩＱの統括コーディネーターである牧野豊氏へのインタビューを通じて、シリコン・クラスターの支援機関の活動内容を紹介する。インタビューは２０１６年2月1日に福岡県のＳＩＩＱ事務所で実施した。

（2）当初は「九州半導体イノベーション協議会」として設立されたが、２０１０年に現名称に変更された。なお、ＳＩＩＱは“Sillicon Island Qushu（Kyushu）”の傍点部分をとった愛称。

（3）福岡県の企業がホーチミンの第2サイゴンブリッジのＬＥＤ道路灯を２０１３年に受注し、現地に組立工場を建設した。

（4）口腔内の情報をマウスピースに内蔵したセンサーで読み取り、気道を塞がないように舌根に刺激を与える装置。

（5）大分県で半導体関連産業のクラスター推進団体の主要メンバーである当社の代表取締役である樋口嘉氏に対してインタビューを行い、事業内容、取り組んでいるクラスターでの活動とその成果、及びシリコン・

クラスターの今後の方向性等について聴取した（2016年1月26日）。
(6) テスターの計測機能を向上させるためテスト用基板上に搭載する製品。LSIの試験装置は機種毎にその測定能力が違い、試験の対象となるLSIがその測定能力以上の試験が必要な場合には新たな試験装置や測定機を導入しなければならないが、顧客の要求する測定能力だけの機能をもった当社の製品を搭載することにより試験が可能となり設備投資が必要でなくなる。
(7) ODM（Original Design Manufacturing）はOEM（Original Equipment Manufacturing）と同様に委託者のブランドで製品を生産することであるが、OEMでは製品の設計図面等を委託者が受託者に支給するのに対して、ODMでは受託者が製品の設計・開発を行う。また、ODMでは受託者がマーケティングまで担う場合もある。
(8) 音声、圧力、温度、電気等のアナログの信号をデジタル信号に変換、あるいはデジタル化された信号をアナログの信号として変換して出力する半導体。
(9) 議論の単純化のために林業と水産業は考察の対象としない。
(10) 株式会社冨山の代表取締役社長である冨山道郎氏へのインタビューを2016年1月13日に同社本社において実施した。
(11) 万代島での直販事業は鮮魚、肉類、酒類の販売店と共同で設立した万代にぎわい創造㈱で始めた。この事業は2009年に農林水産省補助事業である「マルシェジャポン・プロジェクト」、2010年に新潟市の「万代にぎわい空間創出事業」にそれぞれ採択された。
(12) コンサルティング機能の強化に寄与すると考え、2014年に耕作放棄地の収益化やレンタル農園開設のノウハウ提供を始めとして農業に関する様々なコンサルティング業務を営んでいる㈱マイファーム（京都市）に900万円を出資した。
(13) 企業が農業に参入する方法としては、農家から農地を賃借する「リース方式」もあるが、優良土地の確保が難しいことや解除条件や地域内での役割分担等の義務が課される。

(14) たくみファームで生産しているミニトマト「天使の唇」が2016年7月の野菜ソムリエサミット（日本野菜ソムリエ協会）で金賞を受賞した。「天使の唇」は「お富さん」の万代店とネットショップで販売されている（たくみファームWeb）。なお、「お富さん」万代店はTommy'sをリニューアルしたものである。

(15) 「経済圏」は「都道府県や市町村という行政単位にとらわれることなく、地域住民が通勤・買い物など生活を営む圏域」のことであり、複数の隣接基礎自治体を通勤範囲により経済圏を設定したものである。

(16) 以下の点について分析上の制約があることに留意されたい。

(1) 「新潟経済圏」（経済産業省設定）による新潟のフードバレーの範囲の擬制

新潟市を中心とするニューフードバレーの範囲を想定した上で6次産業化における農商工連携の展開の状況の分析を可能にする統計は存在しないため、経済産業省が設定した「経済圏」の内、新潟市が含まれる「新潟経済圏」を暫定的にニューフードバレーの範囲と擬制している。この擬制を採用した理由は、①フードバレーにおいて農商工連携による6次産業化が行われる場合には、連携する1次から3次までの産業に属す生産者や企業が新潟経済圏の範囲に所在していることが、役割の分担や利害の調整の際に必要になる対面での意思疎通のために合理的と考えられること、及び②将来的には輸出を目指すにしても、現状ではこの連携による生産物の販売先となる企業や消費者の少なからぬ部分がこの経済圏に所在する蓋然性が高いと判断したことである。

(2) 農業と食料品製造業への分析の集中

農商工連携による6次産業化に関する地域別の統計は整備が進んでおらず、農業（1次産業）をサプライチェーンの起点とした第3次産業までの連携の状況の分析は、現存の統計では困難である。このため、主に農業と食料品製造業にフォーカスし、両業種に関する異なる統計（調査時点もやや古い）を個々に分析し、連携の状況について仮説的な分析をしている。

(17) 農産物の生産を行うか又は委託を受けて農業作業を行い、生産又は作業に係る面積・頭数が次の規定のいずれかに該当する事業を行う者をいう。
(1)経営耕地面積が30アール以上の規模の農業
(2)農作物の作付面積又は栽培面積、家畜の飼養頭羽数又は出荷羽数その他の事業の規模が次の農業経営体の外形基準以上の規模の農業
（ア）露地野菜作付面積15アール、（イ）施設野菜栽培面積350平方メートル、（ウ）果樹栽培面積10アール、（エ）露地花き栽培面積10アール、（オ）施設花き栽培面積250平方メートル、（カ）搾乳牛飼養頭数1頭、（キ）肥育牛飼養頭数1頭、（ク）豚飼養頭数15頭、（ケ）採卵鶏飼養羽数150羽、（コ）ブロイラー年間出荷羽数1000羽、（サ）その他　調査期日前1年間における農業生産物の総販売額50万円に相当する事業の規模
(3)農作業の受託の事業
(18) 2016年1月27日、中国経済産業局の宅見幸一氏（参事官（電子・情報産業担当）（当時））、松林裕子氏（地域経済部参事官（電子・情報産業担当）付情報政策係長（当時））、及び公益社団法人中国地方総合研究センターの江種浩文氏（みらい創造ユニット主任研究員）の3氏を中国経済産業局に訪ね、インタビューを実施した。
(19) RtoR（ロール・ツー・ロール）は、電子デバイスを効率良く量産する手法の1つ。ロール状に巻いた基材を送り出して表面に目的物質を成膜・印刷し、再びロールに巻き取る製造法であり、生産性に優れる。
(20) 電流容量の高さから電車や発電所などでの用途開発が研究されている。
(21) 高品質LED照明の部材で使用されるだけでなく、高周波向けの特性から家電領域でも利用価値があるとして研究されている。
(22) 例えば、近畿については京都リサーチパーク㈱（KRP）、九州については九州半導体・エレクトロニクスイノベーション協議会（SIIQ）と連携している。

第3章 中小サービス業の経営革新による地域活性化

サービス産業はわが国のＧＤＰの約７割を占める重要な産業である。また、地域密着・分散型の立地が中心で、その大部分は地域の中小企業によって担われており、日本経済の更なる発展には、地域の中小サービス業の経営革新による地域活性化が不可欠である。

こうした問題意識に基づき、本章では、中小サービス業を中心とした地域の中小・中堅企業を対象に事例調査を実施し、生産性向上や人材の確保・育成などの経営革新への取り組みについて探り、地域の中小サービス業の存続・発展のために求められる経営のあり方について検討した。

1 地域中小サービス業に求められる生産性の向上

(1) サービス産業の現状と地域中小企業

サービス産業（第三次産業）はわが国のＧＤＰの70％以上を占めており（図表Ⅲ－１）、就業者数についても全産業就業者の約70％を占めている。

（図表Ⅲ－１）産業別ＧＤＰ構成比（名目）の推移

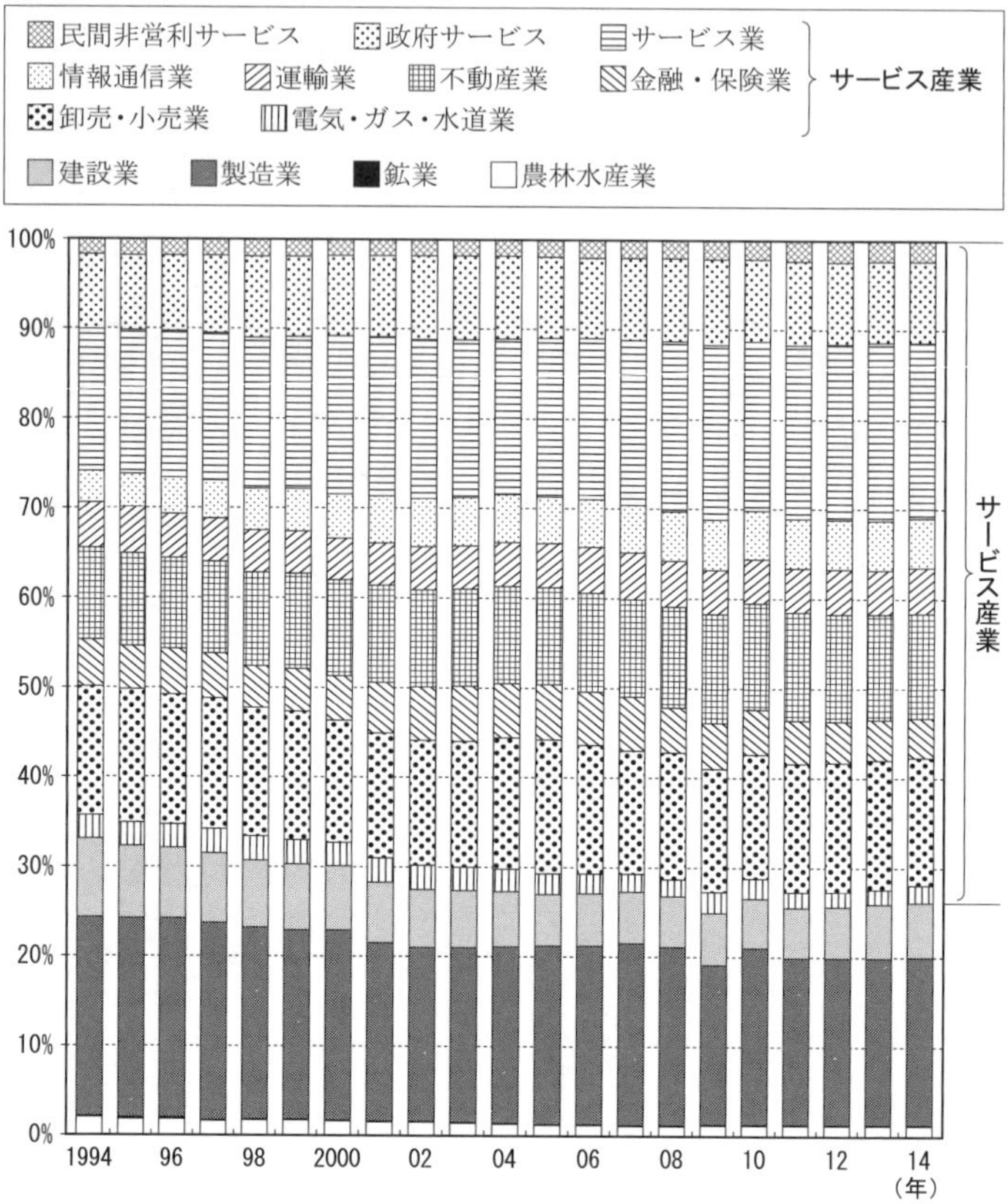

（資料）内閣府「国民経済計算」

企業数、従業者数において大きなシェアを有している中小企業はサービス産業においても重要な地位を占めている。サービス産業における中小企業のシェアは企業数で99・7％、従業者数で74・4％となっている（図表Ⅲ‐2）。また、生産と消費の時間的、空間的同時性という特性を持つサービス産業においては地域密着、分散型の立地が中心であり、その大部分は地域の中小企業によって担われている。

このように中小サービス産業が地域経済に占める割合は大きい。中小サービス産業の生産性向上は日本経済の成長、発展の大きな鍵であり、地域活性化にはサービス産業を中心とする地域中小企業の経営革新への取り組みが不可欠である。

(2) サービス産業の生産性

①サービス産業の生産性は低いか？

さきに見たように、中小サービス産業の生産性向

（図表Ⅲ－2）サービス産業（第三次産業）における中小企業のシェア（2014年）

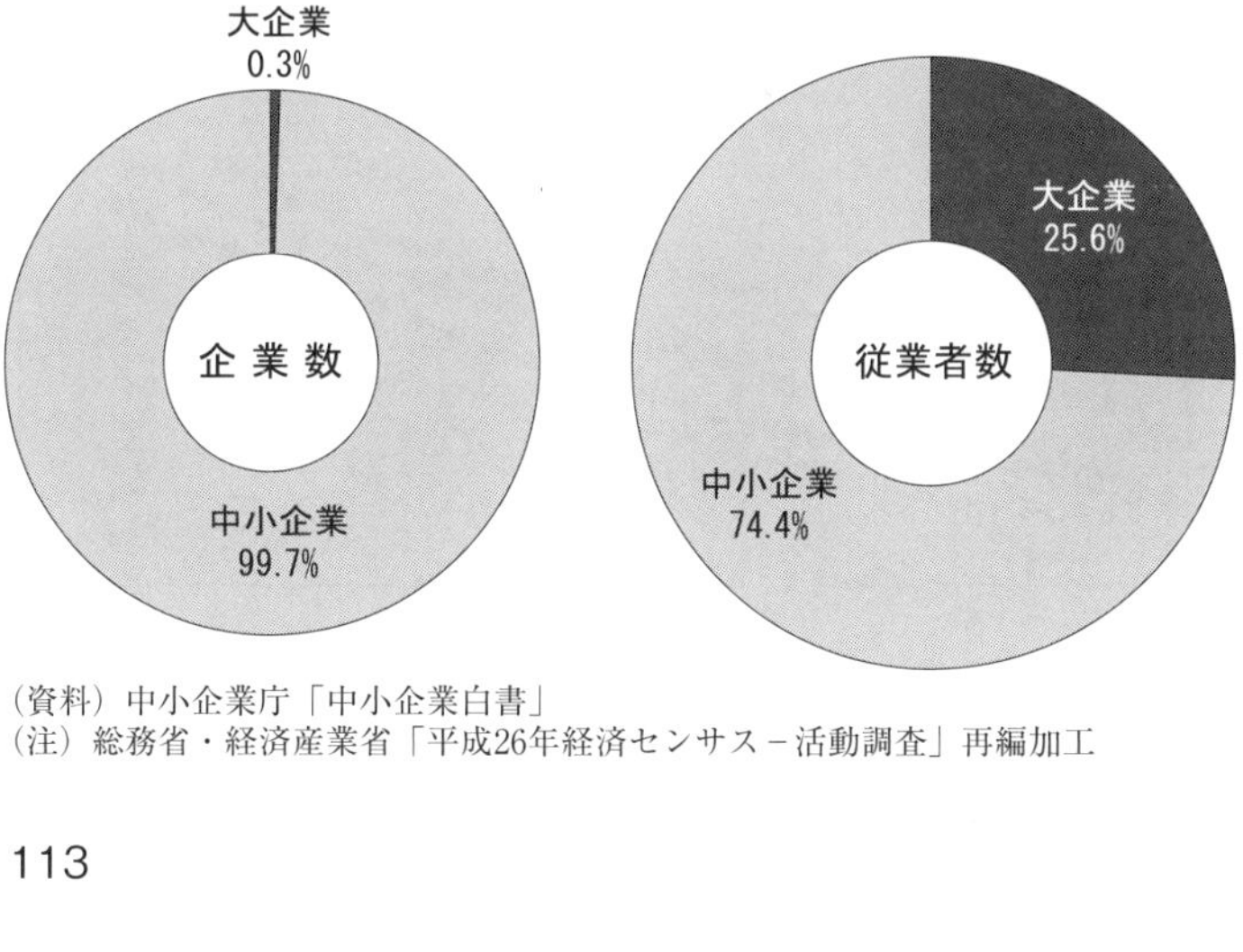

（資料）中小企業庁「中小企業白書」
（注）総務省・経済産業省「平成26年経済センサス－活動調査」再編加工

上が重要な課題となっているが、「日本のサービス産業の生産性は国際的にみても低い」という指摘がなされることが多い。非製造業の労働生産性を米国、欧州主要国と比較してみると、日本の生産性は米国の6割以下であり、ドイツ、フランス、英国と比べても低い水準となっている（**図表Ⅲ-3**）。

しかし、国際比較を行う上では、換算レートの問題に加え、サービスの質の違いという問題もある。こうした調査では各国のサービスの質が同一であるという前提の下に比較を行っているが、現実には国によってサービスの質は異なっており、わが国のサービスはその正確性、信頼性、丁寧な接客等の面で高い評価を得ている。サービス産業生産性協議会が日米両国に滞在経験の

（図表Ⅲ－3）非製造業の労働生産性水準の国際比較

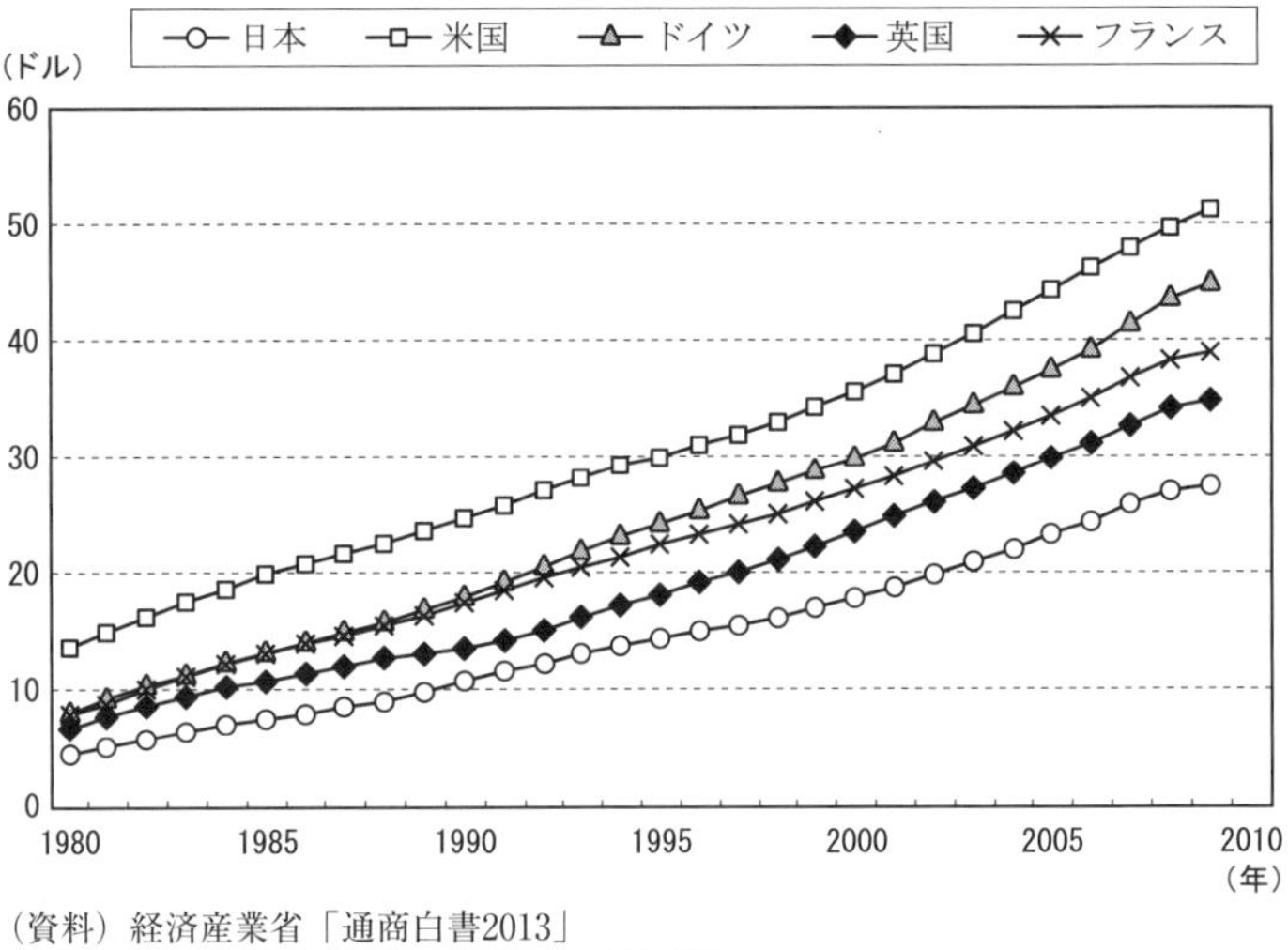

（資料）経済産業省「通商白書2013」
（注）ＥＵ　ＫＬＥＭＳデータベースより作成

ある日本人と米国人を対象に行った代表的な二十種類のサービスの品質についての定量的評価の調査によれば、多くのサービスにおいて日本は米国よりも質が高いと評価されている一方、多くの分野で日本のサービスは米国よりも価格が高いという評価がなされている。

このように異なる国のサービス産業の生産性について単純に比較することは難しい面があり、日本のサービス産業の生産性水準は国際的にみて低いから引き上げるべきであるという議論は必ずしも適切ではないと思われる。

ただし、サービス産業の生産性に関する実証分析によれば、サービス産業では製造業に比べて生産性の企業間のばらつきが大きい（企業による格差が大きい）ことが確認されており、①組織革新を伴うＩＴの活用、②優れた労務管理とコーポレート・ガバナンス、③集積の経済性（地域の人口密度が高いこと）等がサービス産業の生産性向上に結びつくことが示唆されている。こうした経営革新の取り組みを通じて、生産性の底上げ、高生産性企業のシェア拡大と企業の新陳代謝の促進等を図ることによって、サービス産業全体として生産性を高めていく余地は大きいと思われる。

②サービス産業の特性と生産性向上への取り組み

サービスは形のある商品（モノ）とは異なり、形がない（無形性）、サービスの対象、提供者、環境等によってサービスの質が異なる（異質性）、生産と消費が同時に発生する（同時性）、保存ができない（消滅性）といった特性を持っている。こうした特性を反映して、サービス産業は①品質や価値の評価、品質の標準化が難しい、②遠隔地への輸送が困難であるため、国際的な競争に晒されにくく、競争は地域内に限定される、③在庫が存在せず、顧客が来店しなければサービスの提供ができないため、繁閑が生じやすく、稼働率が重要となる、といった製造業とは異なる特色を持っている。

サービス産業においては生産性の計測が難しく、製造業に比べて科学的、工学的手法を用いた生産性向上の取り組みが遅れていたが、今後はサービス産業の特性を踏まえ、科学的、工学的アプローチも取り入れて、生産性向上に取り組むことが必要であろう。

（3）求められる人材の確保と育成

①生産性向上による人手不足問題への対応の必要性

近年、労働力の不足感が強まっており、特にサービス産業において不足感が高くなっている。これは景気回復局面における一時的な現象に止まらず、少子高齢化の進行に伴う生産年齢人口の減少という構造的な要因があり、中長期的にみても人手不足の傾向が続くことが予想される。

こうした状況下で経済の成長率を高めていくためには、生産性の向上に努め、より少ない働き手で付加価値を創出していくことが必要である。人口減少時代への対応という側面から見ても、ＧＤＰの７割以上を占めるサービス産業における生産性向上がマクロ経済全体に与える影響は極めて大きいといえよう。

一方、サービス産業に属する個々の企業においても、人手不足問題の深刻化に伴って予想される産業間、企業間の人材獲得競争に対応して、給与の引き上げ、労働条件の改善、福利厚生の充実等を図っていくためには生産性の向上が不可欠である。

②人材の確保・育成への取り組み

サービス産業を支えるのは人であり、サービス産業において人材は極めて重要な経営資源である。生産性を高めていく上でも、人材を確保し、育成していくことが必要である。

しかし、サービス産業の離職率は他の業種と比較して高く、非正規雇用への依存度も高くなっている。こうした現状を踏まえて、如何にして人材を確保して高い付加価値を生み出す人材を育成していくかが今後のサービス産業の大きな課題である。

基幹となる人材の育成を図るとともに、顧客との接点となることの多いパートタイマー、アルバイト従業員についても、能力を高め、定着率を高めていくことが必要となる。業務手順の標準化、マニュアル化による従業員教育の効率化や研修制度の充実を図るとともに、人事制度、能力評価基準の明確化、経営理念の共有等によって従業員のモチベーションの向上を図ることも重要であろう。

2 中小サービス業の経営革新

本節では中小サービス業8社を対象に行った事例調査に基づいて、生産性向上を中心とする中小サービス業の経営革新への取り組みと人材不足への対応の実態を探り、地域中小企業の存続、発展のために求められる経営のあり方について検討する。

(1) 生産性向上への取り組み

前節でみたように、サービス産業にとって生産性向上は極めて重要な課題である。後述の事例企業では現場データの収集、分析を行ってサービスの現場を「見える化」し、改善すべき点や課題を明確にして生産性の向上に取り組んでいる。箱根の老舗温泉旅館(株)一の湯(事例1)では全従業員の労働時間を分単位で記録して、毎週、人時生産性(粗利益/総労働時間)を測定。これに基づいて作業の見直し、効率化を図ることにより、労働時間を短縮し、生産性の向上を達成している。

データの収集、分析にITを活用することも重要である。千葉県内を中心に39の理容店を展開する(株)オオクシ(事例2)では独自に開発したPOSシステムによって収集した顧客データを分析し、顧客の再来店率の高いスタッフ、店舗の要因をパターン化してマニュアルや研修に取り入れ、技術の向上、接客サービスの改善を図って、顧客満足度を高めることにより、来客数の増加、売上増に結びつけている。大手バス会社が撤退した赤字バス路線の経営を引き継いだイーグルバス（株）（事例3）では、運行しているバスの車両にGPSと赤外線乗降センサーを設置してデータを収集するとともに、収集したデータを分析し、図表化するソフトを独自に開発してバスの運行状況を「見える化」することで運行ダイヤの最適化を図り、採算の改善と利用者数の増加に成功している。早くからITの活用に取り組んできた貨物自動車運送業の（株）トワード（事例4）は現場の声を反映した独自の運転管理システムを自社開発し、燃費向上、事故件数の減少、車両修理費用の低減等に結びつけるとともに、開発したシステムを外部に販売することで経営の多角化を図っている。時計修理と高級時計の輸入販売を行っている共栄産業（株）（事例6）では、専門家の指導の下に高級時計の修理工程の「見える化」を進めるとともに、独自の工程管理システムを導入して、修理作業の生産性を高め、赤字であった時計修理部門の黒字化を達成している。従来のクリーニングとは全く異なる高付加価値の衣類の洗浄、再現加工「ケアメンテ」サービスを提供している（株）ハッピー（事例7）でも、ITと録画映像を駆使した自社開発のシステムによって作業工程を「見える化」することで、作業の効率化と技術品質の向上を図るとともに、顧客情報管理、工程管理、労務管理等についても一元化し、生産性向上を実現している。

　サービス産業における生産性向上は効率化や作業時間の短縮だけで実現されるものではない。顧客満足度を高めることも重要であり、効率化と顧客満足度の維持・向上を同時に追求することが求められる。(株)一の湯(事例1)では、顧客が必ずしも求めていないサービスについては簡素化、廃止することで顧客満足度を低下させることなく、生産性の向上を実現している。イーグルバス(株)(事例3)は不採算路線の廃止(利用者の満足度低下)による収支改善ではなく、運行ダイヤの最適化、路線の再構築等の工夫によってコストを増やさずに顧客の満足度向上と利用者の増加を図ることを目標としている。岐阜県内で介護事業を行っている(株)新生メディカル(事例5)は生活リズムに合わせたケアを提供する短時間巡回訪問介護に取り組んでおり、ケアサービス内容の見直しと効率的な人員配置によって、スタッフの数を増やすことなく、サービス提供時間を1・5倍に増やすことに成功している。

効率化と顧客満足度を両立させていくには、サービスの標準化も有効である。(株)オオクシ(事例2)は再来店率の高いスタッフの技術、サービス内容を分析し、マニュアル化して周知徹底することで個人によるばらつきを小さくし、サービスの水準を引き上げて顧客満足度を高めている。貨物自動車運送業の(株)トワード(事例4)では安全管理の指標である「波状運転指数」を使って安全運転、エコドライブの度合いを評価することにより、燃費向上、事故件数の減少に結びつけている。(株)新生メディカル(事例5)でも、ケアサービスの内容を細分化し、作業手順を標準化することによって、集中する時間帯に多くの人手が必要だったサービスの提供を1~2人のヘルパーが巡回して行うことが可能となっている。

従来とは異なる新しいサービスを提案し、提供することによっても顧客満足を高めることができる。（株）ハッピー（事例７）は独自に開発した洗浄技術、衣類再現加工技術、管理システムによる従来のクリーニングとは異なる「ケアメンテ」サービスを提供することにより高い付加価値を実現している。（株）新生メディカル（事例５）は短時間巡回訪問介護という生活リズムに合わせたケアを提供する新しい在宅介護の形を提案し、効率的なサービスによる家族の負担軽減、被介護者の自立度向上という効果を上げている。

サービス産業では顧客が来店しなければサービスの提供はできないため、繁閑の差が生じやすい。生産性向上の取り組みにおいては稼働率を高めていくことも重要である。（株）一の湯（事例１）は「低価格の温泉旅館・リゾートホテル」をコンセプトに業界に先駆けて１泊２食１万円未満という低価格にも挑戦し、高い客室稼働率を実現している。（株）オオクシ（事例２）は再来店率を高めて来客数を増やすことによって好業績を持続している。イーグルバス（株）（事例３）では顧客ニーズに対応した運行によって、路線バスの利用者増加を実現するとともに、生活バス路線に観光客を招き入れることで、利用者の少ない昼間、週末の乗客増加を図っている。（株）トワード（事例４）では、冷凍、冷蔵、常温といった温度帯の異なる商品を１台のトラックで運搬する「多温帯同時物流」を実用化することで輸送効率を高めている。介護サービスの（株）新生メディカル（事例５）も長時間の滞在型サービスから短時間の巡回型サービスに切り替えることで１日の作業時間を平準化し、稼働率を高めている。（株）ねぎしフードサービス（事例８）では１年３６５日営業のできる駅前等に集中出店するとともに、定食スタイルの提供、女性も入りやすい店づくりといった取り組みによって客層を広げ、店舗効率を高めている。

売上増や生産性の向上といったゴールとなる目標達成に向けた活動（プロセス）の進捗状況を評価する指標であるＫＰＩ（Key Performance Indicators：重要業績評価指標）を設定することも効果的である。サービスの質や顧客満足度は数値化して計測することが難しい。明確で現場が理解しやすく、測定が可能で、取り組みやすく、達成可能性のある指標をＫＰＩとして採用することで生産性の向上に結びつけている事例企業も多い。（株）一の湯（事例１）では人時生産性（粗利益／総労働時間）をＫＰＩとし、週単位で人時生産性を測定し、作業の見直し、効率化による労働時間の短縮に努めている。（株）オオクシ（事例２）では顧客の満足度を測る指標として再来店率を重視しており、再来店率の高い店舗、担当者のデータを分析して再来店率の高い店舗、スタッフに共通する要素を抽出して要因分析を行い、技術、接客面での改善を通じて、顧客満足度向上、来店客数増に結びつけている。（株）トワード（事例４）でも１時間当たり売上高をＫＰＩとして採用し、具体的な対策を立てて改善に取り組んでいる。

（２）人材の確保と育成

サービス産業にとって人材の確保は重要な課題であり、給与水準の引き上げだけでなく、労働条件の改善、長時間労働の排除、福利厚生の充実、固定給の支給等によって生活の安定を図っていくことが必要である。理容業界では給与については完全歩合制を採用している所が多いが、

(株) オオクシ (事例2) は固定給を基本とし、社会保険にも加入している。短時間巡回訪問介護を行っている (株) 新生メディカル (事例5) では、ケアサービスの標準化、稼働の平準化に取り組むことによってヘルパーの就労時間が安定し、固定給で雇用することも可能となっている。

労働時間の長期化を防ぐことも必要である。(株) 一の湯 (事例1) では全従業員の労働時間を分単位で把握し、労働時間の短縮に努めている。(株) オオクシ (事例2) では技術指導、研修を営業時間内に行い、タオル洗い、床の清掃、ワックスがけも専門業者に依頼することで労働時間の長期化を防いでいる。

一方、こうした給与水準の引き上げ、労働時間の短縮、福利厚生の充実といった取り組みは人件費増大の要因であり、それを吸収する生産性の向上が欠かせない。労働条件の改善と同時に従業員の能力を高め、人材の育成を図っていくことが必要である。

事例企業はいずれも人材の育成に力を入れており、研修制度や教育システムが整備されている企業も少なくない。(株) オオクシ (事例2) では、新卒、中途採用等に合わせた研修コースがあり、カリキュラム、マニュアルも整備されている。理容業では技術面の指導、研修は業務終了後に行うことが多いが、当社は3カ所の研修センターを持ち、営業時間内に給料を支払って研修を行っており、ウィッグ代等も会社の経費で負担している。(株) ハッピー (事例7) では全ての作業を映像に記録しており、検品結果に基づいて担当者が自分の作業の映像を再生、見直すことによって技術、能力の向上が図られる。加えて、作業担当者の技術、能力は独自のシステムによって客観的に評価され、評価は技能給に反映される。(株)ねぎしフードサービス(事例8)では、「人の成長なくして会社の成長はない」との考えの下に「人財共育」に力を入れており、各種のマニュアルを整備するとともに、店長に就任するまでに必要な職能要件を100項目にまとめた「100ステッププログラム」に基づいて対人関係能力や問題解決能力を高めていく仕組みが作られており、アルバイトから社員に採用され、店長に登用される者も少なくない。

従業員に経営理念の浸透を図ったり、経営情報の共有、経営への参画を通じて、従業員のモチベーションを高めることも重要である。(株)オオクシ(事例2)では代表者の経営理念、経営方針等をまとめた「フィロソフィー」を社員に配布し、朝礼、終礼で朗読することにより、経営理念の浸透を図っている。また、経営会議の議事録、各店舗の売上と利益、個人別売上実績、顧客アンケートの結果、再来店率等を全従業員に公開し、情報の共有を徹底している。(株)ねぎしフードサービス(事例8)では、「お客さまの喜びを自分の喜びとして親切と奉仕に努める」という経営理念を浸透させることにより、従業員が自主的に質の高いサービスを提供している。月1回開催される改革改善全体会議には全社員が出席するほか、事業計画の策定や品質向上の施策、店のルール作り、人財共育の仕組み作りへの店長の参加等、情報の共有、従業員による経営への参画も進めている。また、当社では顧客満足と並んで従業員の満足度も重視している。年1回従業員満足度調査を実施しているが、総合満足度は80%を超えており、中でも外国人アルバイトの満足度が90%と高くなっている。

サービス産業において人材を確保していく上では、給与面だけでなく、仕事のやりがい、成長欲求の充足といった働き手の要望に応えることも重要である。イーグルバス（株）（事例3）では経営理念に賛同して、当社で働きたいという応募者が増えており、ハガキ等で毎日届く顧客の感謝の言葉も現場の運転士のモチベーションを高めている。（株）新生メディカル（事例5）では、待遇面だけではなく、当社の仕事の進め方、チームの在り方に共感して求人に応募してくる人が増えており、定着率も高くなっている。共栄産業（株）（事例6）でも、時計修理技術者として能力を高めたいという希望者が多く、時計修理の専門学校の卒業生でも当社への入社は狭き門となっているのである。

3　事例からみた中小サービス業の経営革新と地域活性化

サービス業にとって生産性向上は需要な課題である。事例企業はＩＴを活用してサービスを提供する現場のデータの収集・分析を行って現場を「見える化」し、生産性向上に取り組んでいる。

顧客満足を高めることも重要である。サービス産業における生産性向上は効率化や作業時間の短縮だけで実現されるものではない。サービス内容の見直し、サービスの標準化によって、効率化と顧客満足度の維持・向上を同時に追求することが必要である。また、従来とは異なる新しいサービスを提案し、提供することによっても顧客満足を高めることができる。

サービス産業の生産性向上への取り組みにおいては稼働率を高めていくことが重要である。事例企業は来客数を増やし、稼働率を高めることで生産性向上を実現している。

生産性向上への取り組みにおいてはＫＰＩ（重要業績評価指標）を設定することも効果的である。サービスの質や顧客満足度は数値化して計測することが難しい。明確で現場が理解しやすく、測定が可能な指標をＫＰＩとして採用することで生産性向上に結び付けている事例企業も多い。

サービス産業にとって人材の確保は重要な課題であり、給与水準の引き上げだけでなく、労働条件の改善、長時間労働の排除、福利厚生の充実、固定給の支給等によって生活の安定を図っていくことが必要である。一方、こうした給与水準の引き上げ、労働時間の短縮、福利厚生の充実の取り組みは人件費が増加する要因であり、人件費の上昇を吸収するためには生産性の向上が欠かせない。人材を育成して、能力を高めていくことが必要となる。

事例企業はいずれも人材の育成に力を入れており、研修制度や教育システムを整備している。従業員に経営理念の浸透を図ったり、経営情報の共有、経営への参画を進めることにより、従業員のモチベーションを高めている企業もある。また、給与面だけでなく、仕事のやりがい、成長に対する欲求の充足といった働き手の要望に応えることも重要である。

以上のような経営革新に向けた取り組みを全国の中小企業が着実に進めることが、サービス業に依存する度合いの高い地域経済の活性化にとってますます重要になっている。

4 ヒアリング事例

事例1　株式会社 一の湯

設　立	1950年（創業1630年）	資本金	1100万円
従業員	118名（パートタイマーを含む）	所在地	神奈川県足柄下郡箱根町
事業内容	温泉旅館チェーン、保養・研修施設の食堂運営業務受託		

1．企業の沿革、特徴

当社は1630年創業の箱根の老舗旅館である。1980年代後半より経営の効率化に取り組むとともに、業界に先駆けて1泊2食1万円未満という低価格にも挑戦し、客室稼働率の改善と生産性の向上を実現。気軽に行ける「低価格の温泉旅館・リゾートホテル」をコンセプトに箱根地区で8軒の旅館チェーンを展開している。

2．企業革新、生産性向上への取り組み

1978年、「塔ノ沢 一の湯本館」と「ホテル一の湯」（その後「塔ノ沢 キャトルセゾン」と改称）の2軒で営業していた当社の経営を立て直すべく、大手企業に勤務していた小川晴也氏が呼び戻されて15代目社長に就任。当時、4年前に先代が銀行からの借り入れで作った「ホテル一の湯」の客足が伸びず、当社の経営は苦しい状況が続いていた。

そうした中で現代表者は経営コンサルタントの渥美俊一氏と出会い、当社の低収益体質を厳しく指摘されると同時に、人時生産性（＝粗利益／総労働時間）をKPI（重要業績評価指標）として生産性向上を図ることを教えられた。当社の人時生産性を試算してみたところ1400円であり、ファミリーレストランの3千円をも大きく下回っていた。当社は、従業員に平均賃金並みの給与を払って利益を計上していける5千円にまで人時生産性を引き上げていくことを目標に改善に取り組んだ。また、粗利益率83％（原価率17％）を目標に仕入れと在庫の管理を徹底することで粗利益の増加を図るとともに、全従業員の労働時間を分単位で把握し、週単位で人時生産性を測定し（総労働時間については日次で管理）、作業の見直し、効率化による労働時間の短縮に努めた。

1988年、「キャトルセゾン」の客室稼働率を引き上げるべく、サービス内容、料理の見直しを行って1泊2食9800円の低価格宿泊プランを企画し、実験的に導入したところ、1カ月の稼働率は100％近くにまで上昇。この成功を受けて1994年からは「一の湯本館」でも1泊2食9800円の低価格路線を採用し、より多くの人に気楽に宿泊してもらえる温泉旅館を目指すことになった。

こうした路線変更もあり、サービス内容の見直しを更に進め、顧客が必ずしも求めていないサービスについては簡素化、廃止することで、顧客満足度を低下させることなく生産性の向上に努めた。一の湯ではチェックイン後の部屋への案内、お茶出しは行っていない。下足番も廃止し、履物は宿泊客が自分で鍵付きの靴箱にしまう。食事の部屋出し、布団敷きも止め（布団はシーツをかぶせた状態で押し入れに収納してあり、引き出すだけですぐに敷くことができる）、客室冷蔵庫も廃止した。

予約受付、広告・営業、経理、購買（仕入）、調理業務については現場の店舗から切り離してセンターに集約し一元化する一方、店舗ではセクションをなくし、全員がフロント業務も料理の盛り付けもする（一人三役）ことで必要な現場作業を少ない従業員でこなせるようにしている。

管理面では、週単位の人時生産性、ガス代、電気使用量、別注料理、日帰り入浴の実績等を記載した週間コントロール表を作成し、前年実績等と比較して増減の要因をチェック。また、独自に開発したモデルワークスケジュールと実態との乖離の状況についても毎週表を作って支配人が分析し、チェックを行っている。

当社は1997年にホームページを開設し、インターネットを通じて宿泊予約を受けるようにしたが、ホームページに予約・空室状況を公開したことで空いている日から予約が入るようになり、客室稼働率の引き上げに結びついた。現在では全体の60～70％がネットからの予約となっている。

こうした一連の取り組みにより、当社の人時生産性は既に目標とした5千円を超えており、客室稼働率も80%を超えている。

3．人材の確保、育成

人材の確保という面ではほぼ充足しており、大卒の従業員も定期的に採用している。また、外国人宿泊客の増加に対応して外国語を話せるスタッフの採用も進めている。

人材育成の面では、新人に対しては1年半のサイクルで配転教育を行い、様々なセクションを体験することでスキルアップを図っている。また、アメリカでのチェーンストアの経営を学ぶ、研修セミナーも実施（費用は毎月の積立と会社からの補助）しており、既に正社員の8割が体験している。

4．今後の展望、課題

客室稼働率は高い状況が続いており、客数の増加に対応して新たな施設を拡張することが必要となっている。効率の観点からも当面は箱根に集中して、「安く」「気軽に」「便利に」という既存の施設と同じコンセプトの旅館を増やし、箱根地区において10%の市場シェアをとることを目標としている。シェア10%を占めることでブランドとして認知され、他の地域への展開も可能となると当社は考えている。新たな施設では人気の高い露天風呂付きの部屋を増強していく方針であり、既存の施設でも露天風呂付きの部屋への改装を進めている。

一定以上の生産性を保つことで、宿泊客数増加に向けた取り組み、人材の確保、育成も可能になると当社は考えており、今後も生産性を高める努力を継続していく方針である。

事例2　株式会社　オオクシ

設　立　1982年（創業1964年）　資本金　4000万円
従業員　174名（パートタイマーを含む）　所在地　千葉市稲毛区
事業内容　理美容業

1．企業の沿革、特徴

1964年に現代表者の父が理容店を個人創業。1997年に後を継いだ現代表者は顧客データの収集・分析によってサービスの高付加価値化と効率化を図り、顧客の再来店率を高めるとともに、スタッフのスキル向上、接客プログラムの整備、研修の徹底等の人材育成にも取り組むことで継続的な成長、発展を実現している。現在、当社は「ヘアーサロンオオクシ」「カット&ヘッドスパサロン美禅」「カットオンリークラブ」「ヘアーカラーファクトリー」「カットスタイルクラブ」「カットビークラブ」の6ブランドで千葉県内を中心に39の直営店舗を展開しており、マーケットの縮小と過当競争に悩む理美容業界にあって、13期連続で二桁の売上増という驚異的な成長を続けている。

2．企業革新、生産性向上への取り組み

当社は顧客の満足度を測る指標として再来店率を重視しており、再来店率を高め、来客数を増やすことによって市場が縮小傾向にある理容業界での生き残りを図っている。

当社では独自のPOSシステムを導入して、顧客の性別、年齢、カットパターン、担当スタッフ等のデータを収集・分析。再来店率の高い店舗、スタッフに共通する要素（理美容の技術、接客の技術、サービスの内容、価格、店舗の立地、設備、雰囲気等）を抽出して要因分析を行い、有効と思われるものはマニュアルに取り入れ、研修を通じて現場に周知徹底している。個々のスタッフについても、データの分析によって技術や接客面の課題が明確になるため、強化すべき技術の習得や接客プログラムの実施によって個別に改善を図ることができる。こうした取り組みにより、全社平均の総再来店率は80％を超えている。

「客回転率」の引き上げによる生産性向上にも取り組んでいる。回転率についてはスタッフの個人差が大きかったが、再来店率の引き上げと同じ手法を用いて回転率の高いスタッフの要因を分析し、マニュアル化して徹底を図ることで個人によるバラツキを小さくし、回転率の水準の引き上げを図っている。

また、データ分析に基づいて、顧客が求めていないこと、省くことのできることを抽出し、顧客満足度を下げずに効率を高める方法を探るとともに、適正な人員シフトによるアイドルタイムの削減と業務の平準化にも取り組んでいる。

理美容業界では完全歩合制を採用しているところが多いが、当社では固定給が基本であり、社会保険にも加入しているため、人件費が売上の50％に達している。これは理美容業界では異常ともいえる高さである。当社ではＩＴを活用するとともに、本部機能は極力圧縮して間接経費の削減に努めている。

3．人材の確保と育成

先に述べたように、当社は固定給を基本とし、若干の業績給と賞与等でインセンティブを付与する形をとっている。また、社会保険にも加入し、従業員の生活の安定を図っている。さらに、指名ノルマを設けていないため、スタッフ同士がライバルとなることなく、技術を共有し、協力して目標を達成していこうとする職場環境が作られている。

当社では代表者の経営理念、経営方針等をまとめた「フィロソフィー」を社員に配布し、朝礼、終礼で朗読することにより、経営理念の浸透を図っている。また、当社は従業員への情報開示と情報の共有を徹底しており、全ての従業員に経営会議の議事録、各店舗の売上と利益、個人別売上実績、顧客アンケートの結果、再来店率等を公開している。さらに、従業員１人ひとりに自分の売上、再来店率、客回転率、採算状況、支払い給与と期待値の差額等を示すことで、各人が売上増、顧客満足度向上、生産性向上に向けて自ら考え努力するように仕向けている。

研修については新卒、中途採用等に合わせていくつかのコースがあり、カリキュラム、マニュアルも整備されている。理容業では技術面の指導、研修は業務終了後に行うところが多いが、当社は3カ所の研修センターを持ち、営業時間内に給料を支払って研修を行っており、ウィッグ代等も会社の経費で負担している。

労働時間の短縮にも取り組んでいる。先に見たように技術指導、研修を営業時間内に行うだけでなく、営業時間後に行われることが多かったタオル洗い、床の清掃、ワックスがけについても専門の業者に依頼することで労働時間の長期化を防いでいる。

こうした取り組みにより、離職率40％といわれる理容業界にあって、当社の離職率は10％以下と非常に低くなっている。

4．今後の展望、課題

当社はこれまで借り入れに依存せず、利益の範囲内で時間をかけて店舗を増やしてきた。今後も同様に着実に出店をしていく方針である。地域としては人口も増えており、当社に対する認知度も高く、優位を占めることができる地元の千葉地域の出店を現時点では考えている。

当社では現場の判断を重視し、現場の店長に人事評価、採用、人員シフト等の権限を与えている。店舗の展開を進めていく上では店長となる人材を育成していくことが大きな課題であり、今特に力を入れているところである。

事例3　イーグルバス 株式会社

設　立　1980年（創業1972年）　資本金　5000万円
従業員　190名　所在地　埼玉県川越市
事業内容　一般乗合旅客自動車運送事業（路線バス、高速バス）、一般貸切旅客自動車運送事業（観光バス）、特定旅客自動車運送事業（送迎バス）

1．企業の沿革、特徴

当社は旅行業として1972年に創業、1980年当社を設立してバス事業（送迎バス）に参入。福祉バス、スクールバス、企業の送迎バス等で経験と実績を積み、1989年に観光バスの事業免許を取得。1995年からは川越市内の観光地を巡る観光バスの運行を開始。2002年に道路運送法の改正により乗合バス事業の規制が緩和されたことから、2003年に一般乗合旅客自動車運送事業の免許を取得。2005年には羽田空港連絡（高速）バス路線にも参入を果たした。

2006年、川越市に隣接する埼玉県日高市において、大手バス会社が全面撤退を決めた赤字路線バス事業を引き継いだ当社はバス運行データの分析に基づいて運行ダイヤの最適化を行い、採算の改善と利用者数の増加を実現。また、埼玉県山間部に位置するときがわ町、東秩父村においても路線バスを運行し、ハブ停留所の設置等、路線の再構築による利用者の満足度向上と地域おこしに取り組んでいる。

2．企業革新、生産性向上への取り組み

大手バス会社から日高市の路線バス事業を引き継いだ当社が改善に向けて取り組んだのは「路線バス事業の見える化」である。まず、車両にGPSと赤外線乗降センサーを設置して停留所別乗降人数、停留所間乗車人数（密度）、運行時間、位置等のデータを取得。次にこれらのデータを誰が見ても問題点が把握できるように図表化するソフトを開発してバスの運行状況を見える化。さらに車内アンケート、ダイヤ改定評価アンケートや地域住民意識調査によって顧客ニーズを把握（顧客ニーズの見える化）。コストについても「1キロ」や「1分」の原単位管理を採り入れて、問題点を抽出し、運行ダイヤの最適化、路線の最適化等、運行サービスの革新を図った。このような取り組みによって日高市のバス利用者は年間6万人増加（25％増）している。

当社では外部からの観光客を生活路線バスに取り込んで新たな需要を創出する取り組みも行っている。路線バスの利用者が多いのは1日では朝夕の通勤通学の時間帯、1週間では月曜日から金曜日であり、昼間、週末の利用者は少ない。一方、観光客は昼間、土曜、日曜が主体である。当社では川越市内の2路線でレトロな雰囲気のボンネットバスを使って、運転士によるワンポイント観光案内付きの「小江戸巡回バス」を運行しており、「小江戸」川越を訪れる観光客を路線バスに招き入れることによって、新たな投資、コスト増なしで、バス利用者の増加を図っている。

路線バス事業の改革において当社が目標としているのは「利用者の増加」と「顧客満足度の向上」である。収支の改善を最終目標とすれば、不採算路線の廃止による利用者の減少と満足度低下は避けられず、交通弱者を助けるという公共交通の重要な役割を放棄することになると考えている。当社の目標はコストを増やさずに顧客の満足度を高め、利用者を増やすことである。

ときがわ町で当社が町営バスの運行を引き継いだ時に行ったアンケートでは、バスの路線、運行に関して「不満」という回答が4割もあり、不満の内容としては「バスの本数が少ない」が圧倒的に多かった。バスの運行本数は2～3時間に1本であり、運賃も停留所ごとに変わり、非常に複雑であった。

当社はここでもコストをあまり掛けずに利用者の満足度を高める改革に取り組んだ。町の中心にハブとなるバス停留所を作り、全てのバス路線をそこに結束し、乗り換えるという「ハブアンドスポーク」方式を採用。車両を増やすことなく、従来、2時間に1本であったバス運行本数を1時間に1本に増やし、ハブ停留所で乗り換えることで今まではバスの連絡がなかった方面にも行けるようになった。また、一部の路線では朝夕の通勤通学時間には従来通り大型バスを定時運行するが、昼間は予約があった時だけ小型のデマンドバスを運行する方式に改めることで、利用者の満足度を下げずにコストを削減した。こうした取り組みによって、ときがわ町ではバス利用者数は25％増加、輸送量は１５０～３００％増加した一方、総走行キロ数は５％減少。必要な追加投資はデマンドバス用のワゴン車１台のみであった。

さらに当社では東秩父村において、ハブとなるバス停留所「和紙の里」に乗り換え機能だけでなく、コンビニ、調剤薬局、飲食店等の施設機能を設置することによって、地域住民の生活利便性向上と観光客（登山者、ハイカー）の取り込みを図り、バス利用者の増加に結びつけるという「和紙の里ハブ化構想」を推進している。

３．人材の確保と育成

当社では運転士は全て未経験者の中途採用である。２年前は全国的にドライバーが不足している状況下で大手バス会社による引き抜きもあり、運転士の確保に苦労したが、１年位前から当社の理念に賛同し、当社で働きたいという人の応募が増えてきており、充足率は95％と改善している。

運転士の人事評価はあいさつ、制服・制帽、指差喚呼、車両整備、輪留め、アイドリングストップといった基本動作、安全運行等の18項目で年２回行われ、評価によって給与の一部（ＣＳ（顧客満足）手当）が変動する仕組みとなっている。また、ハガキ等で毎日届く感謝の言葉も運転士にフィードバックし、モチベーションを高めている。

4. 今後の展望、課題

当社は赤字路線バス事業の経営改善を通じて得たノウハウ、開発したシステムを他社、他地域にも広めていきたいと考えており、既に国内のバス事業者に「バス事業改善システム」を提供している。また、ラオスの首都ビエンチャンの国営バス公社への「バス事業改善システム」の提供についても、国際協力機構（ＪＩＣＡ）から政府開発援助（ＯＤＡ）の事業案件化調査として採択されている。

事例４　株式会社 トワード

設　　立　１９５１年（創業１９４１年）　資本金　２億９５００万円
従業員　４３０名（パートタイマーを含む）　所在地　佐賀県神埼郡吉野ヶ里町
事業内容　一般貨物自動車運送事業、貨物運送取扱事業、物流センター事業、情報システム機器開発販売事業、農業・食品リサイクル事業

１．企業の沿革

当社は貨物運送会社として１９４１年に創業。食品低温物流の分野に特化し、貨物運送事業に加えてサード・パーティ・ロジスティクス（３ＰＬ）サービスを提供する貨物運送取扱事業、物流センター事業を展開するほか、情報システムの開発と販売、農業・食品リサイクル事業も行っている。

２．企業革新、生産性向上への取り組み

当社は安全運転と輸送品質の向上、省エネを目的に早くからＩＴの活用に取り組んでおり、現場の声を反映した独自の運転管理システム「ＴＲＵ－ＳＡＭ（Truck Support Administration & Management）」を自社開発している。このシステムでは安全管理の指標として、速度変化の少ない理想の運転と実際の運転状況との差を指数化した「波状運転指数」（特許取得）を採

用している。

波状運転指数を使うことによって、安全運転、エコドライブの度合いを数値化し、客観的に評価することが可能になり、ドライバーが毎回自分の運転数値を見て安全運転を意識したり、運転管理者による指導、アドバイスにも活用されている。この結果、燃費向上、事故件数の減少、修理費用と自動車保険料の低減といった効果が表れている。

このシステムは営業車等の業務用車両向けの簡易版「ECO－SAM」として外部にも販売。物流に関しても、現場の作業から得たノウハウに基づいた物流統合システム「Net－SAM」、自動倉庫システム「DC－SAM」等を自社開発し、SAMシリーズとして販売している。

また、当社はそれまで別々に運んでいた冷凍、冷蔵、常温といった温度帯の異なる商品を1台のトラックで運搬する「多温帯同時物流」を1997年に実用化。これはカゴ台車に下から冷凍、冷蔵、常温の順で商品を積み、間に断熱シートや保冷剤を入れることで熱の移動を抑え、運送中の適正温度を維持するものである。これにより積載率を高め、1回の配送で多くの商品を納品できるようになり、輸送効率が高まる。また、多くの先を回り、ドアの開閉を繰り返すことによる庫内の温度上昇、エネルギーコスト増も避けることができる。取引先にとっても納品の回数が減り、1度の検品で済ませることができる。

このようにして当社は業務の効率を高め、生産性向上に努めてきた。現在は1時間当たり売上高をKPI（重要業績評価指標）として採用し、指標の数値を目標に近づけていくための具体的な対策を立てて改善に取り組んでおり、既に効果が現れてきている。

当社は食品リサイクルと農業生産の分野にも進出している。２００１年に食品リサイクル法が施行され、食品関連事業者は食品廃棄物の発生抑制とリサイクルが義務付けられることとなった。食品輸送に特化している当社はファミリーレストラン等の外食産業に毎日食材を配送しており、当社の車で食品残渣を収集して肥料化し、作物を作って、また外食産業等に届けることができれば、効率的であり、環境にも優しいと考えたのである。

２０００年より梱包資材メーカーと回収容器の共同開発、佐賀大学農学部と堆肥製造の共同研究を開始。取引先のファミリーレストラン等から発生する食品残渣を当社が収集して肥料化し、自社農園でタマネギ等の野菜を生産し、ファミリーレストランのセントラルキッチンに納入する（一部は市場でも販売）というリサイクルシステムを作り上げた。当社ではこれをＲ＆Ｒ（リバースロジスティクス＆リサイクル）事業と名付けている。なお、本事業は食品リサイクル法に基づく「食品リサイクルループ」（再生事業計画）として認定され、食品残渣の収集運搬について、廃棄物処理法の収集運搬業の許可が不要となる特例が認められている。

３．人材の確保、育成

ドライバーに対しては波状運転指数のデータを使って、安全走行のランク付けを行い、上位者には報奨金を支給する他、データを基に運転技術の指導も行っている。

物流センターはパート従業員が多いが、契約更新時にセンター長が全パート従業員と個別に面談し、雇用条件の説明、勤務評価のフィードバック等を行って納得性の向上を図っている。優秀者は作業帽子の色分けで明示し、帽子の色によって時間給も昇給させることで、優秀なパート従業員のモチベーションを高めている。また、パートから正社員への登用も認められており、毎年10名程度が登用されている。

当社は生産性を向上させ、待遇面でも改善を図っていくことで、人材を確保していきたいと考えており、同業他社と比較して離職率も低くなっている。

4．今後の展望と課題

当社は今後もＩＴの活用による物流の効率化、生産性の向上、環境への貢献に取り組んでいく方針である。また、システム開発に関しても蓄積してきた能力、人材を活かし、新分野にも取り組みたいと考えている。最近では当社が開発したビックデータ収集分析システム「Ｄａｃ－ＳＡＭ」を使った太陽光発電所のクラウド型遠隔監視システムのサービスも提供しているところである。

事例５　株式会社 新生メディカル

設　立　１９７７年　資本金　３５００万円
従業員　３００名（パートタイマーを含む）　所在地　岐阜県岐阜市
事業内容　訪問介護、居宅介護支援、デイサービス、福祉用具貸与・販売、保育所等

１．企業の沿革、特徴

大学卒業後に父の経営する病院、特別養護老人ホームで高齢者介護事業に携わっていた代表者はオーストラリアでの研修を通じて在宅介護の必要性を痛感。１９７７年に有限会社新生メディカルを設立（１９９０年株式会社化）し、在宅介護サービスを開始。以来、訪問介護を中心に事業を展開しており、現在は岐阜県内に7営業所を設けて居宅介護支援、デイサービス、福祉用具の販売・レンタル、保育事業も行っている。

２．企業革新、生産性向上への取り組み

訪問介護とはホームヘルパーが介護を必要とする高齢者の自宅を訪問し、食事、排泄、入浴等の身体介護や掃除、洗濯、買い物、調理等の生活援助を行うものである。ヘルパーが１日１回訪問、60～90分滞在して生活援助主体の滞在型サービスを行う事業所が多く、介護保険の支給限度から利用回数は週１～２回が一般的である。ヘルパーの滞在時以外の時間は家族が介護

を行うか、1人で過ごすことになり、本人と家族の負担が重いとされてきた。

当社では高齢者が尊厳ある生活を継続していくために必要な基準として、離床・移動、食事、排泄、保清、更衣、睡眠の六項目からなる「ケアミニマム」を提唱しており、ケアミニマムを共通の指標として在宅介護を標準化することを目指して、2010年から1回30分未満の短時間で複数回訪問することによって生活リズムに合わせたケアを提供する短時間巡回訪問介護サービス事業に取り組んでいる。

介護保険の報酬は滞在時間に合わせて支払われる。短時間訪問を複数回行えば移動時間が増えて効率が悪くなると思われがちであるが、当社はケア内容の標準化と効率的な人員配置によって短時間訪問介護でより効率的なサービスの提供を可能にしている。また、滞在型(長時間)の訪問介護では調理の援助が含まれることも多く、朝、昼、夕の時間帯にサービス提供が集中して他の時間帯は空き時間となる傾向が強い。1日を通しての稼働が平準化できないためヘルパーの常勤雇用は困難であり、多くの登録ヘルパーが必要となる。

これに対し、短時間巡回訪問介護では、今まで60~90分で提供していたサービスを排泄、服薬介助、配膳、下膳といった行為に細分化し、作業手順を標準化することで、これまで集中する時間帯に多くの人手が必要だったサービスの提供を1~2人のヘルパーが巡回して行うことができるようになった。また、洗濯や掃除等の食事時間帯以外でも支障がないサービスは混雑しない時間帯に回すことができるため、1日の作業時間の平準化が図られ、稼働率も向上し、スタッフの数を増やさず、サービス提供時間を1・5倍にすることができた。ヘルパーにとっても収入、就労時間の安定につながり、固定給での雇用も可能となった。

また、短時間巡回訪問介護では生活リズムに合わせた介護サービスを提供することが可能となり、家族の負担軽減、毎日同じケアを繰り返すことによるリハビリ効果、自立度の向上といった効用も認められている。こうした短時間巡回型の訪問介護事業は「岐阜県方式」として県や国のモデル事業にも採択、実施され、2012年度の介護保険制度改正により、「定期巡回・随時対応型訪問介護看護」と「20分未満の身体介護」の制度が創設され、介護保険で実施可能となった。

3．人材の確保、育成

介護業界では出来高制が一般的であるが、短時間巡回訪問介護を行っている当社では、先にみたようにケア内容の標準化と効率的な人員配置によって稼働率を高めることで、固定給での雇用も可能となった。現在、当社従業員の3分の1は固定給となっている。

人材の確保という面では、当社の場合、待遇面だけでなく、仕事の進め方、チームの在り方にほれ込んでこの仕事に入ってくる人も多い。ヘルパーの定着率も高く、10年以上の長期勤続者も多くなっている。

短時間巡回訪問介護では2～3人のヘルパーがチームとなってサービスを提供する。介護サービスをチームで行うことで、複数の視点から利用者の状態を把握する事が可能になる。また、チームで行うＯＪＴとしても有効である。サービス提供責任者も含めて、チームで定期的にミーティングを行い、利用者の状態についての情報を共有、ケア内容の見直しの必要性等を話し合い、情報を家族やケアマネージャーにフィードバックし、ケアマネージャーに提案も行っている。

なお、当社では介護福祉士等の外部資格の取得も奨励しており、社内で勉強会や講習会を開いている。

４．今後の展望、課題

当社は事業を急激に拡大するつもりはなく、岐阜県外への進出も考えていない。岐阜県内についても当社以外にも短時間巡回訪問介護を行う事業者が現れて、互いに競争し、努力する方が県民にはプラスであり、県民にとってより良いシステムとなることが大切と考えている。

介護サービスの質を更に高め、ゆるぎないものにして行くことが当社の一番の基本であり、引き続き丁寧に取り組んでいく方針である。

事例6　共栄産業　株式会社

設　立　1968年　資本金　7000万円
従業員　170名（パートタイマーを含む）　所在地　東京都豊島区
事業内容　時計修理、海外高級時計輸入販売

1．企業の沿革、特徴

当社は輸入腕時計用電池の販売代理店として1968年に創業。その後、時計修理、海外高級腕時計の輸入販売にも業務を拡大。時計修理については電池交換に伴うトラブルへの対応や簡単な修理から始めたが、日本における時計修理の第一人者である宅間三千男氏を取締役として迎え入れたことから、宅間氏の下で働きたいという技術者が集まるようになり、修理事業の規模は大きく拡大した。国内で最も多くの時計修理技術者を擁する企業として当社の知名度、信用も高まり、高級時計の難しい修理依頼も多く寄せられるようになっている。

2．企業革新、生産性向上への取り組み

2005年当時、優秀な技術者を揃える当社には月間3千本を超える腕時計の修理依頼があったが、作業効率の低さと管理体制の不備から時計修理事業は毎月200万円もの赤字を出していた。時計の修理については1人の技術者が最初から最後まで担当するが、作業の進捗管理

が行なわれず、修理時間もまちまちであった。技術者も自分の興味がある珍しい時計を扱いたがったり、納期が近くなったものから修理する等、効率的な作業への意識は低かった。修理部門の業務管理についてはマイクロソフトのデータベースソフトであるＡｃｃｅｓｓを使って行っていたが、持ち込まれる時計のメーカー、機種、年式等のデータ量が増大したことでシステムダウンなどのトラブルが発生。また、顧客名と納期しか管理していないため、修理がキャンセルになり返却する時計がどこにあるかがすぐにわからず、社内を探して回るという事態もしばしば発生していた。

こうした状況を改善すべく、２００５年から外部の専門家の指導を受けて改革に着手。まず、社内の整理、整頓から始め、作業スペースの仕切りをなくし、修理品（時計）を入れるボックスを統一してバーコード管理を導入、取引先別にラベルによる色分けを行い、修理品を保管するキャビネットの扉をなくしてオープン化する等の取り組みによって修理工程の見える化を進めた。修理工程に関しても洗浄、仕上（ポリッシング）については専門のスタッフが担当する形で分業化した。

こうした作業環境の改善と並行して、新たに独自の管理システムを導入し、受注（入荷）、診断・見積、修理、検査、発送（出荷）の管理を一元化。修理依頼品毎に作られたカルテで担当者、修理段階、納品予定等を確認できるようになり、修理工程の進捗管理も可能となった。

また、これまでは受注の変動への不安から、１ヵ月分程度の修理依頼品（修理待ち）在庫を持っていたが、専門家の意見を受けて改善。在庫を減らし、修理件数を増やすことでキャッシュフローも改善された。

こうした改革により2年後には同じ人数で月に4千5百本の修理ができるようになり、修理部門の生産性は向上し、黒字化を達成。更に検査工程を新たに設けることで、業界平均5％といわれる再修理率は2％以下となり、当社の信用も高まった。現在では人員も増強し、月8千本を超える時計の修理を行っている。

3．人材の確保と育成

修理技術者については中途採用するだけでなく、新卒者を採用して自社で育成も行っている。新卒については東京渋谷にある時計修理の専門学校の卒業生を採用しているが、希望者が多く、当社への入社は狭き門となっている。ただし、卒業生も最初の1年は全く使い物にならず、一人前の修理技術者に育てるには5年程度かかるとのことである。当社では社内で技術者を育成するとともに、選抜してスイスの時計メーカーでの研修にも派遣している。

4．今後の展望、課題

高級腕時計の需要拡大に伴って、時計修理の市場も拡大が見込まれる。当社は修理依頼の増加に対応して、人材面でも増強を図るとともに、ＩＴの活用についても、更に改善を図っていく必要があると考えている。

修理技術についてはマニュアル化も行っているが、各メーカーから絶えず、新しい製品、技術情報が出るため、海外メーカーとの技術交流、情報交換が必要であり、海外との関係も強化していく方針である。

事例７　株式会社　ハッピー

設　立　２００２年（創業１９７９年）　資本金　５３５０万円
従業員　25名　所在地　京都府宇治市
事業内容　衣類再現加工（ケアメンテサービス）

１．企業の沿革

流体制御機器メーカーに勤務していた現代表者が独立し、ドライクリーニング用溶剤の再生装置の開発に携わったことがきっかけとなり、１９７９年にクリーニング業界に参入。低価格、短納期の競争が激化する一方で、シミや汚れが落ちない、衣類の紛失、風合いの劣化といった消費者の不満に十分に対応できないクリーニング業界の現状を目の当たりにし、２００２年当社を設立して、独自に開発した洗浄技術、衣類再現加工技術、管理システムによる従来のクリーニングとは異なる「ケアメンテ」サービスの提供を開始。

２．事業の特徴、経営革新

（１）事業の仕組み

当社は営業所や取次店を持っていない。全国の顧客、提携している百貨店、有名ブランドアパレルメーカーから宅配便で直接本社工場に送られてくる衣類について、１点ずつその状態を専門の担当者が確認して電子カルテを作成。電子カルテに基づいて顧客と電話によるカウンセリング（衣類の状態説明、最適なメンテナンスメニューの提案、顧客の要望、価格、納期の確認）を行った後、「ケアメンテ」を施し、宅配便で自宅に返送するというシステムである。1点当たり平均単価は約6千円、1回の利用金額の平均約2万円と通常のクリーニングの10倍以上であるが、利用者数、売上ともに順調に増加している。

（2）独自技術の開発

当社では水性と油性の汚れを同時に処理する洗浄方法「アクアドライ」、繊維・生地を傷めずに水洗いができる「無重力バランス洗浄技法」、シミ・黄ばみ取り、色移りクリア、傷の再生、風合い戻し等の再生修復技術「リプロン」、繊維の風合いを保つサイジング技術「レシリアン」、衣類本来のシルエットと風合いを再現するアイロン仕上げ「シルエットプレス」といった独自の技術を開発し、クリーニング業界の抱えている技術的な課題を克服している。

（3）専用システムによる一元管理

当社では自社で開発したITシステムによって顧客情報管理、工程管理、予算管理、労務管理等を一元化するとともに、作業工程の見える化により管理者不要のマネジメントを実現。また、蓄積されたデータを活用して、顧客への情報開示、販促活動、作業の効率化等に結びつける以下のようなシステムも構築している。

①電子カルテシステム

預かった衣服1点ごとに作成される電子カルテには、素材、色、柄、付属品、シミ、汚れ、傷、ほつれ、メンテナンス前の寸法、処理方法、価格、メンテナンスによって起こり得るリスク等、１５０種類３千項目のデータが登録される。カウンセリングからメンテナンス、出荷までの全ての工程は電子カルテに基づいて一元的に管理され、作業内容、担当者、作業時間等の履歴は電子カルテのデータベースに記録される。顧客から送られた衣類の入った段ボールの開梱から、メンテナンスを終えて梱包、出荷されるまでの全ての作業は録画され、トラブルの防止、技術品質向上に活用される。

②カウンセリングシステム

電子カルテに基づいて、効率的かつ正確に衣類の状況についての情報を開示。再生の可能性とリスク、費用について説明し、最適な処理方法の提案をすることで顧客に対する説明責任を果たし、顧客の納得・了解を得てからメンテナンス作業に着手する（カウンセリングの内容は全て録音）。

③ラポールCRMシステム

電子カルテデータとカウンセリングの会話内容（キーワードで入力）の形態素解析データから衣類の使われ方、顧客の特徴等をパターン化し、顧客ターゲットを絞り込み、最適な時期に効率的な販促活動を行うことで、受注率の向上と広告宣伝費の大幅な節約が可能となった。

④洗浄仕分けシステム

当社ではブランド、素材、アイテムによって洗浄技法とその組み合わせを変えて対応しているが、使われた洗浄技法とその結果、注意点等はブランド、素材、アイテム別にデータベース化され、ノウハウの蓄積、効率的な作業に役立てられている。

⑤ナレッジ混流生産方式システム

各工程の担当者毎に作業進捗状況、作業効率、作業の優先順位を作業現場のディスプレイに表示する「見える化」により作業効率の向上に結びつけている。カウンセリングを行うフロントオフィスではディスプレイに表示される作業の進捗状況を見て、顧客に提示する納品日の日程を調整することで、納品日の集中による残業の発生、納品遅れ等を避けている。

衣類はボタン、ベルト等のパーツ単位に分けて作業を行う。また、1人の顧客から複数の衣類を預かる場合でも、このような複数・多様な品種の衣類についても顧客ごとに同期化し、ディスプレイに表示された作業指示に従って業務を行うことにより、出荷時には顧客から預かった衣類をジャストインタイムで揃えることができる。

⑥検品教育システム

検品結果に基づいて仕上げ作業の録画映像を抽出して、再生、見直すことにより、個人の技術の向上につなげる。自分の弱点の作業動作を自分の目で確認して矯正し、技術、技能の高度化を図る自己完結型の人材育成システム。

このように当社は独自の技術を駆使して従来のクリーニングとは異なる高付加価値のビジネスを生み出すとともに、ＩＴと映像を活用した自社開発の一元管理システムによって生産性向上、顧客満足度向上を実現している。

３．人材の育成

当社では自社開発のシステムに基づいて従業員の教育と評価を行っている。各作業担当者の作業実績（担当者毎の作業量は処理着数ではなく、一着当たりの作業量を反映したポイントの総計で表示される）、検品で不合格となった部位と、その回数等はディスプレイに表示され、標準化の指針（マスト）と照らし合わせることで、自身の弱点も明らかになり、自分で技能力の向上を図ることができる。自分の作業の映像だけでなく、技能力の高い社員の作業映像も同時に再生して比較することも可能である。また、作業担当者の技術、能力はシステムによって客観的に評価され、評価が技能給に反映されて生産性向上と従業員の満足度向上という好循環を作り出している。

4．今後の展望、課題

全体としてのクリーニング市場は縮小傾向にあるが、当社は新しいサービス価値を提供することで新たな市場を開拓できると考えている。1兆円市場を目指して新たなＩＴシステムを確立させている最中であり、ＩＣチップによる管理、カウンセリングもクラウドを利用してテレワークを可能にするといった新たな仕組みを少しずつ準備している。

事例８　株式会社　ねぎしフードサービス

設　立　１９８１年（創業１９７０年）　資本金　５０００万円
従業員　正社員１２５名、アルバイト１０００名　所在地　東京都新宿区
事業内容　飲食業

１．企業の沿革と事業の特徴

１９７０年に現代表者が創業。１９７０年代には茨城、福島、宮城の３県にカレー店、ラーメン店、郊外型レストラン等の多様な業態の飲食店を次々と出店し、最盛期には20店舗を展開していた。だが、同業態の競合店も出現する中で、広範囲、多業態に拡散している店舗、人材の管理、メニューの見直し、開発等が行き届かず、事業は行き詰まりに直面した。

１９８１年、「牛たん・とろろ・麦めし　ねぎし」１号店を新宿に出店。それまでの「多業態・広範囲の狩猟型経営」を改めて「同一業態・同一地域の農耕型経営」に転換。３県にわたる多業態の店舗は順次閉店し、首都圏に集中出店してきた。現在、東京都内に33店舗、横浜駅西口に２店舗を展開し、着実な業績を上げている。

２．企業革新、生産性向上への取り組み

当社は牛たんが気楽に食べられる専門店、ヘルシーな牛たんと麦めし、とろろを組み合わせ

た定食スタイルで提供、女性客も入りやすい店というコンセプトを掲げ、20歳から40歳代のビジネスマン・OLをターゲットとし、東京都内で365日営業のできる駅前等に集中出店することで店舗効率を高めている。なお、来店客の約半数は女性客で占められている。

２００１年と２００３年に相次いで発生した国内産牛、米国産牛のBSE問題に対応して、それまでの牛たん一本の商品構成から豚肉、鶏肉を使ったメニューも開発。商品構成を多様化させたことにより客層を広げることができた。

当社はQ・S・C&H・A（Quality：味（おいしさ・品質・スピード）、Service：笑顔・元気（感じの良い接客・機敏な動作）、Cleanliness：清潔（常に磨かれた状態・整理整頓）、Hospitality：親切（気づき）、Atmosphere：楽しさ（活気のある快適な空間・心地よさ））を五大商品としており、この五大商品を高いレベルで提供することで顧客の満足度を高めている。

味については食材の鮮度にこだわるとともに、肉の「手切り」、「焼き」の技術を組織的に強化。サービス、親切に関しては各種マニュアルに基づく機能的サービスの提供に加え、「親切」という企業文化を浸透させることにより従業員が自主的にホスピタリティを発揮している。清潔については、MCS（マスタークレンリネススケジュール）とストアサポートマネージャーによるクレンリネスチェックなどの仕組みで、店内の清潔さを徹底するとともに、年2回の店舗間「クレンリネスコンテスト」によって従業員の意識を高めている。楽しさ（店舗の雰囲気づくり）については、店舗設計段階から女性を含めたスタッフが参画し、女性も入りやすい店舗開発を行っている。

当社は牛たん専門店であるだけでなく、牛たんや肉ととろろを組み合わせた「お肉の定食屋」という顔も併せ持っている。こうした独自性のある事業領域に展開することにより、他社との同質競争、価格競争を回避してきた。類似の業態の店も現れてきてはいるが、サービスを提供する人と組織の力については模倣することは困難であり、長年にわたって培ってきた「人が成長する独自の仕組み」と企業風土が当社の強みとなっている。

3．人材の確保、育成

当社では「人の成長なくして会社の成長はない」との考えの下に「人財共育」に力を入れているが、その前提となるのは「お客さまの喜びを自分の喜びとして親切と奉仕に努める」という経営理念や価値観の共有である。当社では毎朝の朝礼時に全従業員による経営理念の唱和、「私と経営理念」と題した作文の提出等を通じて、経営理念とその価値観を従業員全員で共有する取り組みを地道に行ってきた。月１回開催される改革改善全体会議には社員全員が集まり、店舗の改善活動の成果をケーススタディとして発表し、全員で共有している。

また、当社では従業員がＰＤＣＡサイクルの計画（Plan）段階から参加することを重視している。店長とサポートオフィス（ＳＯ＝本部）スタッフによる「経営指針書策定会議」が年度ごとの事業計画の策定を行っている他、全店長がいずれかのプロジェクトに参画する「店長

・ＳＯプロジェクト」では５大商品の品質向上の施策や店のルール作り、人財共育の仕組み作りについても企画、開発している。人財評価システム「１００ステッププログラム」（後述）、「クレンリネスコンテスト」、親切者表彰制度等もこのプロジェクトで開発されたものである。

当社の従業員の87％はアルバイトで、そのうち25％は外国人であるが（日本人アルバイトをＡパートナー、外国人アルバイトをＦパートナーと呼んでいる）、こうした国籍、年齢も異なる多様なメンバーについても母国語に訳された経営理念の唱和、Ｆパートナーリフレッシュ研修等を通じて経営理念の共有を図り、店舗の一体感醸成とチーム力の向上に結び付けている。

人材の育成、キャリアアップに関しては、店長（マネージャー）に就任するまでに必要な職能要件を１００項目にまとめた「１００ステッププログラム」に基づいて対人関係能力や問題解決能力を高めていく仕組みとなっている。１００項目は６段階の職位に分けられ、それぞれのスキルを修得するごとに昇給昇格ができる。評価の体系、プログラムの内容は社員もアルバイト従業員も同一であり、アルバイト従業員もスキルの修得状況に応じてリーダー、サブマネージャーまでキャリアアップが可能である。アルバイトから社員に登用される者も年間10名近くおり、店長に登用される者も少なくない。

当社では「顧客満足」と並んで「働く仲間の幸せ」を重視している。従業員は内部顧客であるとの考えの下に年１回従業員満足度調査を実施しているが、従業員の満足度は高く、総合満足度は80％を超えており、外国人アルバイト（Ｆパートナー）の満足度は全体よりも高い90％

となっている。

4．今後の展望、課題

当社は今後10年で都内、横浜地区で60店舗を展開することを目標としている。店長の育成には早くても3～4年の期間がかかるため、年に2～3店舗のペースで着実に出店していく方針である。

第4章 中小企業組合による地域活性化

本章では、中小企業組合による地域活性化について、団地組合と新しい組織化の形態であるＬＬＰ（Limited Liability Partnership）の取り組みについて紹介する。

まず、団地組合について成り立ちや現況について述べた後、組合の求心力の維持が難しくなるなか、「地域コミュニティ」としての団地の魅力を高めるための課題に挑戦する事例を取り上げる。次に、ＬＬＰの仕組みや現況、今後の可能性について述べた上で、多様な主体の連携が可能であるとの特徴を生かして、地域の社会的課題を解決するためにＬＬＰが行っている事業の事例を紹介する。こうした事例から、組合員間の意思疎通を図れる仕組み作りや行政との協力の重要性が浮き彫りになった。

1　団地組合の取り組み

(1) 高度化事業制度と団地組合

高度化事業制度とは、中小企業者が共同して経営基盤の強化を図るために組合などを設立して、工場団地・卸団地、ショッピングセンターなどを建設する事業や、第三セクターや商工会などが地域の中小企業者を支援する事業に対して、独立行政法人中小企業基盤整備機構と都道府県が一体となって資金及びアドバイスの両面から支援する政策性の高い融資制度である。そして同制度の代表的な貸付対象事業の一つに「集団化事業」がある。

「集団化事業」は、市街地などで事業を営んでいる中小企業の事業所の狭隘化、公害問題対応等の問題の解決を図るために、中小企業者が事業協同組合などを設立し、移転計画を作成したうえで適地に集団で移転し、すべての組合員が一つの団地又は建物の内部に施設を整備するとともに、適切な共同事業を実施し、組合員の経営基盤の強化を図る事業である。そして本章で調査の対象とする「団地組合」とは、この「集団化事業」の推進母体として設立された事業協同組合を指すものとする。

代表的な「団地組合」である工場団地と卸団地についてみると、工場団地制度は1961年に「中小企業振興資金等助成法」に基づき、立地条件の悪化した中小企業の集団移転による総合的協業化を促進するために「工場等集団化事業」として創設された。また、卸団地制度は1963

年に「中小企業近代化資金助成法」に基づき、中小卸売業の高度化を促進するために「店舗等集団化事業」として創設された[注1]。

その後「集団化事業」の拡充・強化とともに全国各地に団地組合が設立され、中小企業の高度化を牽引する役割を果たしてきた。しかしながら１９８０年代以降制度の利用は減少傾向にあり、２０００年度以降は新設の団地組合は激減している。

(2) 団地組合の現況

団地組合には様々なタイプがあり千差万別である。立地環境等地理的要因、設立の経緯等歴史的な要因、業種構成等の業種要因などの違いがありそれぞれ固有の問題を抱えていることも多いが、ここでは「集団化事業」を実施した多くの団地組合が直面している共通の問題について考えてみたい。

団地組合は、参加者全員が共通の集団化の目的を持ち、お互いを支え合い苦労をともにしながら築き上げてきた組織である。加えて高度化資金借入の際に組合役員全員が連帯保証しており、そういう面からも強い紐帯で結ばれた一体感の強い「運命共同体」であったといえる。しかしその後の時間の経過に伴い団地組合を取り巻く外部環境は大きく変化した。

経済環境についてみると、高度成長期、安定成長期、バブルの発生・崩壊を経て低成長経済へ移行するなかで、倒産・廃業・脱退等による組合員数の減少や遊休地・空き区画の増加や組合員の入れ替えなどが進んだ（**図表Ⅳ－1、2**）。

立地環境についてみると、道路・交通網の整備などによりアクセス条件の改善が進む反面、近隣に住宅の建設が進められてきたことなどによる「住工混在」などの問題も発生してきた[注2]。

一方、組合内部に眼を転じると、ハード面では団地内施設の老朽化が進んだ。

（図表Ⅳ－1）５年前と比べた組合員数の増減

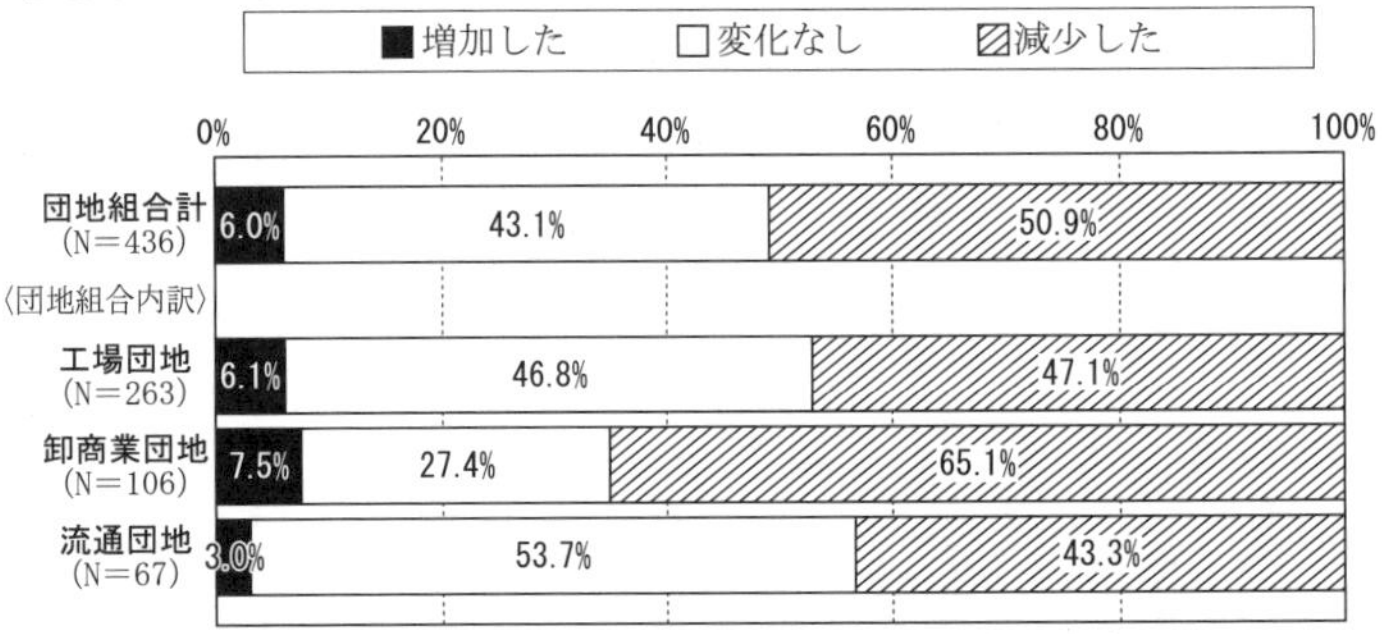

（資料）商工中金・商工総合研究所（2013）「組合実態調査報告書」

（図表Ⅳ－2）団地内の遊休地（余剰地、未利用地）の状況

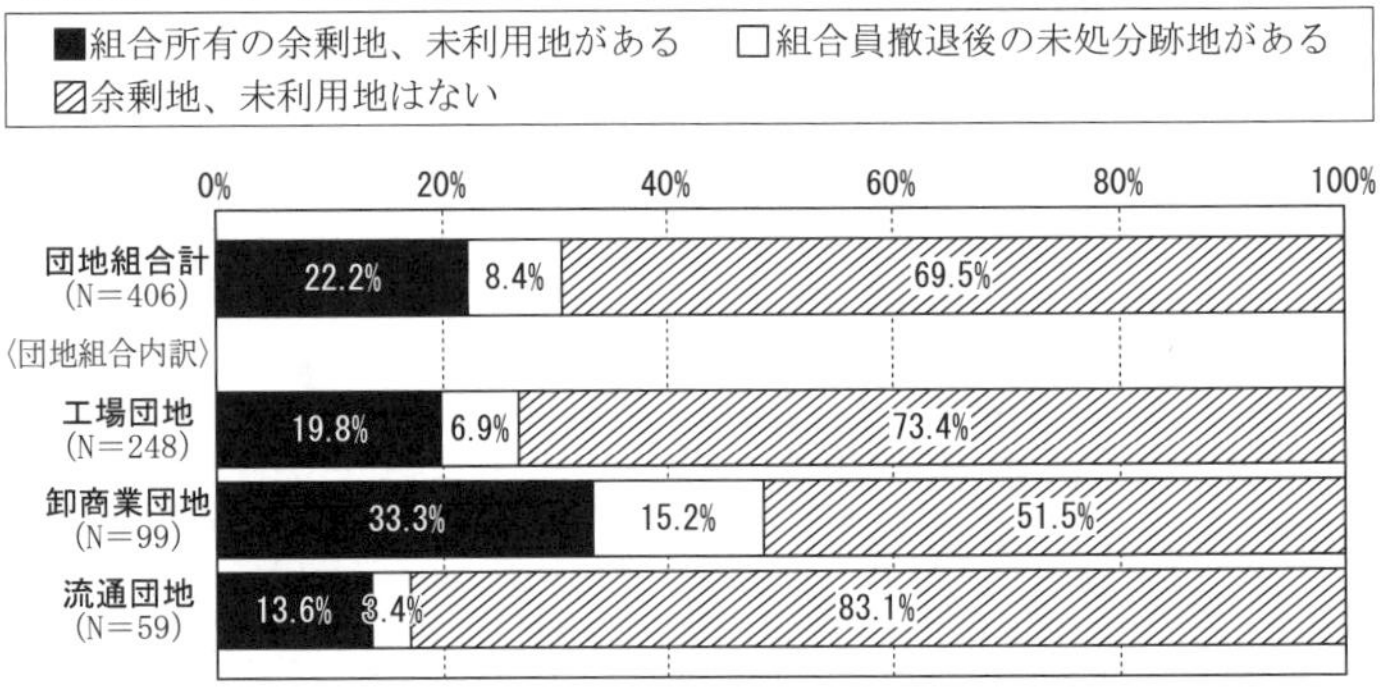

（資料）図表Ⅳ－１に同じ

また、ソフト面では高度化資金借入の返済終了に伴う（組合役員の）連帯保証債務の消滅、組合員経営者の世代交代の進展などにより設立当初に比べると組合内部の人的なつながりが希薄になってきている（**図表Ⅳ－3、4**）。

　このように団地組合は外部環境、内部環境の変化を受けてさまざまな問題に直面している。しかも

（図表Ⅳ－3）高度化資金の返済状況

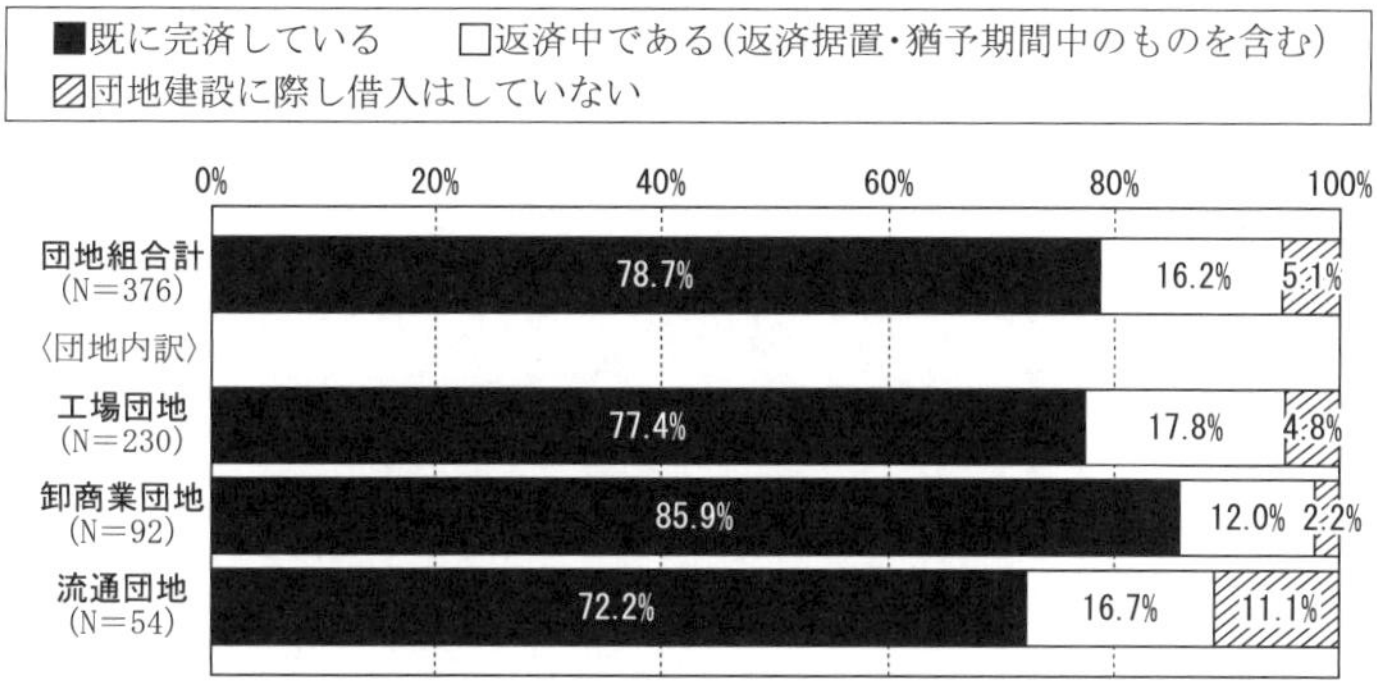

（資料）図表Ⅳ－1に同じ

（図表Ⅳ－4）組合活動における組合員に起因する課題・問題点

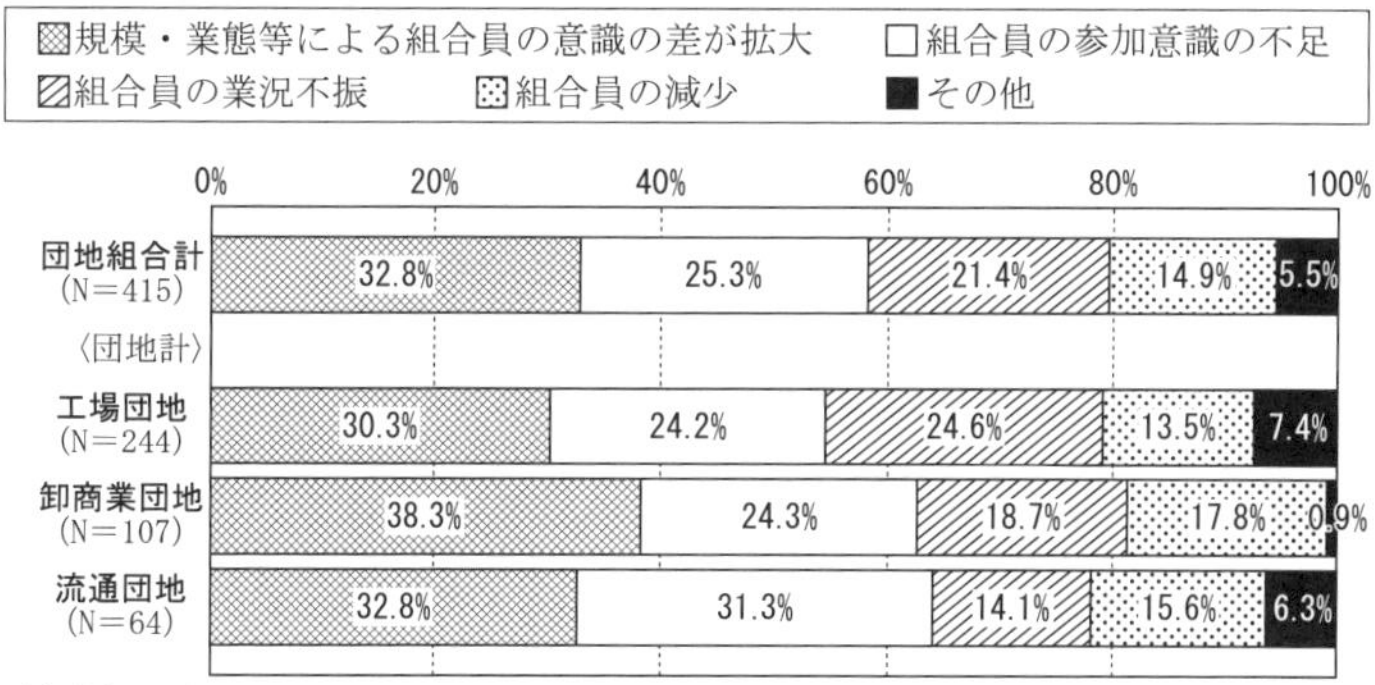

（資料）図表Ⅳ－1に同じ

複数の問題が相互に絡み合っていることから一朝一夕にはその解決が難しい状況にある。この結果、組合の求心力が低下し団地組合の生命線ともいえる「組合の一体性」が揺らいできている状況にある。また、ハード面においては「団地の再整備」の必要性が高まってきている（図表Ⅳ-5）。

(3) 団地組合の2つの属性

団地組合は協同組合であり、相互扶助の精神に基づく自律的な共同経営体として、株式会社等とは異なる理念・原則に基づき運営されている。協同組合の概念について整理してみると、協同組合の国際組織である「国際協同組合連盟（International Co-operative Alliance：ICA）」は、「協同組合は、人びとの自治的な組織であり、自発的に手を結んだ人びとが、共同で所有し、民主的に管理する事業体をつうじて共通の経済的、社会的、文化的ニーズと願いをかなえることを目的とする」と定義している。そして、協同組合がその価値を実践するための指針として、①自発的で開かれた組合員制、②組合員による民主的管理、③組合員の経済的参加、④自治と自立、⑤教育、研修及び広報、⑥協同組合間の協同、⑦地域社会への関与、以上の7つの原則を掲げている。(注3)

また、団地組合は団地という同じエリア内に組合員の工場、倉庫や事務所などが集積した「地域コミュニティ」を形成している。各組合員はそのエリア内で営業活動を継続しており、ある種の地縁的結合社会を形成している。このように団地組合は、「事業協同組合」と「地域コミュニティ」という2つの属性を必ず併せ持っている。そして団地組合という「地域コミュニティ」は、地域社会の産業や雇用を支えているのは勿論のこと、昨今では防災拠点としての役割も期待されている。この点は「地域コミュニティ」という要素を必須としていない非集団化組合と決定的に異なる点である。(注4)

（図表Ⅳ－5）団地組合が直面している問題とその関連（イメージ）

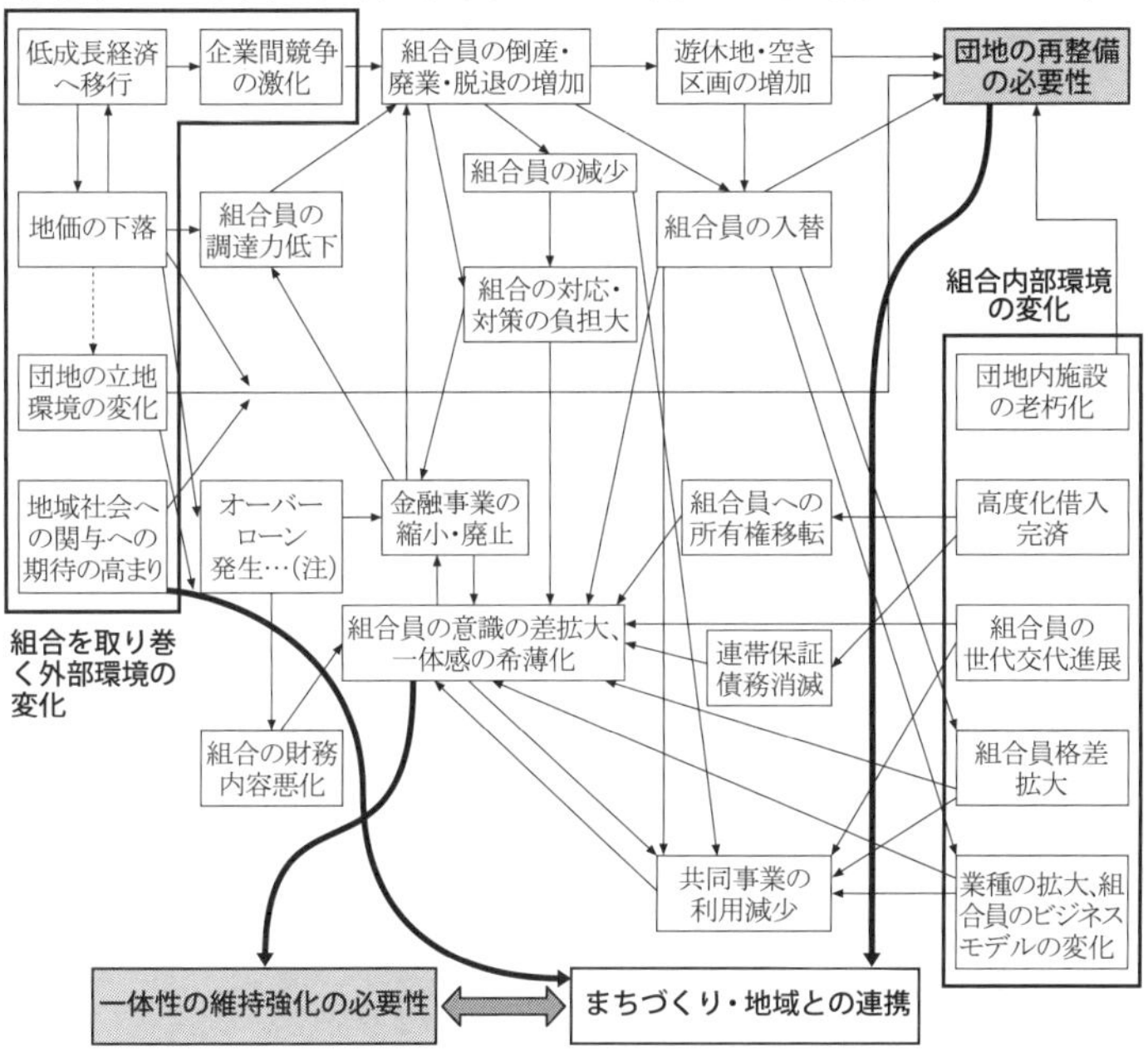

（注）オーバーローン…（金融事業実施）組合の保全＜組合の組合員に対する転貸残高

（出所）商団連（2009）「商団連事業活性化中長期ビジョン策定プロジェクト平成20年度報告書」P34に基づき筆者作成

従って団地組合がその持ち味を発揮し、存在感を高めていくためには団地特有の「地域コミュニティ」という属性を武器として最大限に活用していくことが重要であり、そうすることが地域全体の活性化にもつながるはずである。そういう意味においては、上記の協同組合原則のなかの「⑦地域社会への関与」が二重の意味で重みを持ってくる。ちなみにこの原則は、1995年に新たに追加されたもので、協同組合が地域社会の発展に積極的に協力していくことは時代の要請ともいえる。そして「地域コミュニティ」の魅力と組合の求心力は相互に強い影響を及ぼすと考えられ、団地という「地域コミュニティ」の魅力が高まれば組合の求心力が高まり、組織力は自ずと強化されるであろう。

2 LLPの活用

(1) LLP制度の概要

わが国のLLPは2005年に制定・施行された「有限責任事業組合契約に関する法律」に基づき創設された新たな組織化形態である。「人的結合体」という点は中小企業組合制度と共通しているが、営利目的の組合契約であり、組合員は中小企業者に限定されないなど、現行の中小企業組合制度との相違点が大きい。その特徴及び創設の目的は以下の通りである。

LLPは株式会社でも民法組合でもない新たな事業組織であり、従来わが国にはなかった有限責任の人的組織である。主な特徴としては、①出資者全員の有限責任、②内部自治の徹底、③構成員課税の適用、以上3点が挙げられる。それぞれについて簡単に説明すると、①については民法組合と異なり出資者（組合員）の責任については出資額の範囲に限定される。②③については株式会社と異なり、組織内部のルールについての制約が少なく、取締役会や監査役のような経営者に対する監視機関の設置が強制されない。そして利益や権限（議決権）の配分については出資金額の比率に拘束されず、出資者同士が協議して自由に決めることができる。また事業体には課税されず出資者に直接課税されることから二重課税を回避できる。このようにLPPは創業の促進や中小企業者の連携による共同事業振興に適した制度とみられ、当該制度を活用した中小企業者の様々な取り組みもみられる。

LLPの制度創設の目的は、リスクの高い事業への投資を誘引することで創業を促進し、アイデア、ノウハウ等の人的資産の活用を促すことで企業間連携や専門的な能力を持つ人材の共同事業を活発化していくことである。実際にわが国に先行してLLPの整備を進めてきた米国や英国は、創業の促進や企業同士の共同事業の振興に大きな成果を挙げている。(注5)

(2) LLPの現況

帝国データバンクが実施した「平成26年度有限責任事業組合等の活用実績等に関する調査（平成27年3月）」に基づきLLPの現況をみると、総数は制度創設以降毎年着実に増加しており、

２０１４年12月末時点で５３７４となっている。ちなみにわが国の企業数は１９８６年をピークにその後減少が続いている。また、前述の通り同じ組合組織である中小企業組合数についても１９８２年以降減少が続いており LＬＰと対照的な動きとなっている。ただ、ＬＬＰの年間設立数の推移をみると、制度創設の２００５年（５ヵ月実績）が３７７、翌２００６年は１３２７と急増したが、２００７年以降は減少が続いており、２０１４年は３９４（純増数２９７）に止まるなど、伸び悩み傾向が続いている。その背景には、制度の知名度が低いことや法人格がないことなどをマイナス評価する声があると思われる。

業種（大分類）別にみると、最も多いのが「学術研究、専門・技術サービス業」で全体の33・7％を占めており、以下「情報通信業」14・5％、「卸売業、小売業」12・4％、「サービス業（他に分類されないもの）」7・0％の順となっており、専門サービス業など人的資産を競争力の源泉とする業種が上位を占めている。

組合員数についてみると、最も多いのが「2名」で全体の42・3％を占めており、次いで「3～5名」が40・9％となっており、5名以下が8割以上を占めている。このようにＬＬＰの構成員は総じて少数である。その内訳についてみると、最も多いのが「個人のみ」で65・4％を占めており、以下「個人＋法人」22・6％、「法人のみ」12・0％の順となっている。

ＬＬＰの実際の活動状況をみると、事業内容（目的）、構成員、規模、連携形態は多種多様である。前掲の調査報告書の事例をみると、①アセアンのキャラクターコンテンツ市場の開拓を目的とした中小企業同士の連携、②地理情報システムを活用したコンサルティング業務およびシステム開発を目的とした個人と法人の連携、③コンクリートの長期耐久性を実現する技術のプレマーケティング活動を目的とした法人２社と個人（大学教授）２名の連携、④まちづくりの支援を行うための個人（地域プランナー・コーディネーター）同士の連携など、株式会社をはじめとする従来型の事業組織に比べると多彩である。

（3）ＬＬＰの可能性

制度利用者の意見・感想をみると、①設立手続きが容易であり、それ故起業の際の組織として適している、②法人化前の事業組織として望ましい、③個人営業の場合よりも信用度が高くなった、④出資比率の多寡にかかわらず議決権を自由に設定できる等内部自治の柔軟性が高い、⑤会計処理の透明化が図られる、など制度のメリットを評価する声が寄せられている。一方、認知度が低いことや法人格がないために対外的な信用力が十分ではないなど、実務面においてデメリットを感じている利用者も少なくない。具体的には、①ＬＬＰという組織の知名度が低く銀行口座開設手続きに時間を要する、②法人格がないため大手企業との契約が困難である、③年単位で損益の清算が発生するため株式会社のように新規事業への投資分として内部留保の充実を図っていくことができない、④法人化する際には解散しなければならない、などの意見が出ている。ＬＬＰの設立件数の伸び悩みは、制度利用者のこうした声と無関係ではないであろう。

前述の通りＬＬＰには法人格がないこと等により様々な制約もある。しかしながら、経済のサービス化が加速し、企業の競争力の源泉が、製造設備や資本力などの物的資産から、知的財産や個人の技術、ノウハウ、アイデアなどを生み出す人的資本にシフトしていくなか、有限責任で柔軟性が高い人的組織であるＬＬＰ制度の利用価値は今後再認識される余地があると考えられる。地域活性化の観点からみると、ＬＬＰは地域の人材やノウハウなどの資源を活かしながら、まちづくり、買物難民対策等さまざまな地域の社会的課題の解決を図るコミュニティビジネスを推進していく手段としても有効であり、こうした目的にも活用が拡がっていくことが望まれる（事例5参照）。

3 ヒアリング事例

事例１　協同組合 青森総合卸センター－東北の卸団地初のビジネススクール開講－

設　立　１９６７年（落成１９７０年）　出資金　約１億３６００万円
所在地　青森県青森市　土地面積　52万２０００㎡
組合員　１３８（組合員従業員数約２２００名）　組合専従役職員　11名
業　種　卸売業１０４、運輸業９、サービス業６、その他19
主な共同事業　倉庫、駐車場、物流、施設管理、環境（ゴミ収集、紙類・ＰＣリサイクル他）、簡易郵便局、高速道路、金融、景観、ビジネススクール等

１．組合の課題

組合員の倒産・撤退への対応は団地組合にとっての「宿命的課題」であり「跡地問題」は常態化している。当組合の場合は２０００年以降に現在の組合員数の約４割に相当する61社が撤退・移転している（加入・移転は61社）。また、施設、組織等の高齢化の進展は「構造的課題」である。これらを解決するために、「人」、「モノ」、「情報」が集まる活気が溢れるまちづくりを進めていくことが大きな課題となってきている。また、昨今は企業の社会的責任が重要視されるようになってきており、組合としても環境事業や地域の防災・防犯事業などにも積極的に

取組む必要があると考えている。

2．組合の対応

「宿命的課題」、「構造的課題」の解決を図っていくためには、団地という「場」のハード面、ソフト面双方の「魅力」を高めて新陳代謝を促進していく必要がある。そのためにはまずハード面の「見た目」が大切であり、文化施設の誘致なども視野に入れた「街並・景観事業」に力を入れている。具体的には、団地内に倒産組合員などの遊休施設が放置されている状態を極力作らないことや日常的な施設のメンテナンス、防災・防犯対策などに力を入れている。またCI活動や広報活動等ソフト面からも団地のイメージアップを図っている。具体的には以下の通りである。

団地内施設の遊休化を回避するためにはまず組合員の脱退を未然に防止すること、次に脱退した場合はすみやかに組合員の入れ替えを図ることが重要になってくる。脱退の防止については、日頃から金融事業や交流活動などによるコミュニケーション強化を図ることで組合員の移転のニーズなどを早めに把握し、先手を打って団地内での「空き区画」への移転等を提案している。このために当団地は既存組合員が跡地を購入・賃借する割合が約4割を占めている。(注6) また脱退が発生した場合に備えて、組合は日頃から地元不動産業者との連絡を密にするとともに、脱退発生時はすみやかに空き物件情報を組合のホームページに掲載している。また、(使用しなくなった）共同施設については長期間放置せず用途を変更する等により有効活用している。

防災・防犯面については、耐震診断の実施、防災ミニガイドの作成、(注7) 防犯カメラの設置、巡回警備の見直しなどにより安心・安全なまちづくりに取り組んでいる。

CI活動については、団地の所在地である問屋町のロゴマークを定めて、看板、標識、シャッターや車両のマーキングを統一し、団地としての統一感を内外に示すことで見た目の印象を良くするように努めている。(注8)

団地のイメージアップを図るための広報活動については、ホームページや組合事務局が毎月発行している「卸センターニュース」に加え、ラジオ、新聞などのパブリシティや、ポッドキャスト、ユーチューブなどでの積極的な情報提供に努めている。

また、青森県、青森市の平均寿命が全国的に下位にあることを受け、組合では2014年から職域集団として健康事業に取り組んでおり、従来からの集団健康診断・インフルエンザ集団予防接種を団地外企業にも拡充している。そして今後も組合員従業員の日々の生活習慣を改善するため健康情報を積極的に提供するとともに、周辺に住む一般市民も巻き込んだ健康事業を展開し、青森市南部地区の健康づくりの拠点を目指していく意向である。

なお、団地がビジネススクールを開講したことは団地のイメージアップに大いに貢献している。これについて少し説明すると、組合は組合員企業が存続・成長していくためには人材教育の強化が不可欠であると考えていたが、青森市内には常設の企業研修施設がなかった。そこで組合は、先進団地組合である高崎卸商社街協同組合（注9）のアドバイスや青森市、青森公立大学などの協力を得て、２０１３年10月に地域の特性にあった中小企業を対象とした「問屋町ビジネススクール」を開講した。そして組合（事務局）主導で運営している。具体的にはカリキュラムを組合が設定し、講師も組合の人脈などを駆使して確保している。受講費用は原則受益者負担としているが、負担感の少ない料金に抑え（注10）、組合員の他にも市内のビジネマンにも広く門戸を開放している。

組合のこれらの活動は対外的に団地という「場」の魅力を高めることに貢献しているとともに、団地内で働く各社の従業員の満足度、モチベーションを高めることにもつながっており、組合事業を支える「人」の結束を強化し、組合員脱退の抑止力、組合事業の参加率向上につながっているとみられる。このように組合はハード面のみならずソフト面も含めた多面的な角度から団地の魅力を高めていく「問屋町ブランド戦略」を展開している。

なお、組合は、２０１６年2月に「オール青森！を実現する流通機能向上のためのマスタープラン～民間からの地方創生策レポート～」を策定した。この報告書のなかで組合は、組合自身が果たすべき役割として、①人材育成、②新分野への進出支援、③「オール青森」呼びかけ機能の構築、以上3つを挙げている。このように組合は、地域経済活性化の旗振り役として能動的かつ意欲的に取り組んでいる。

事例2　協同組合　仙台卸商センター―復興から創造の街へ―

設　立　1965年（団地完成1970年）　出資金　約3億9800万円
所在地　宮城県仙台市若林区　土地面積　約55万6815㎡
組合員　252（組合員従業員数約5000名）　組合専従役職員　43名
業種　卸売業（食品、繊維、日用雑貨、建材、金属機械関連）が約9割、その他にクリエイティブ関連（Webデザイン、映像制作、アート制作、イベント企画等）、建設他
主な共同事業　施設管理、産業見本市会館、駐車場、給油、配送、高速道路、環境整備、金融、まちづくり対策、クリエイティブ・シェア・オフィス、文化、福利厚生等

1．組合の課題

組合は設立以来流通業務機能の集積に特化した地区(注11)として仙台市の流通の中核を担ってきていたが、卸売業を取り巻く環境が大きく変化するなか卸団地としての機能を維持しつつも関連する新たな業態を取り入れるなど新しい時代に対応した卸売業の展開が求められるようになってきた。団地周辺地域の宅地化が進み、団地が市街地のなかに取り込まれる状況になってきており、2015年12月に開通した地下鉄東西線「卸町」駅周辺にふさわしい「人に愛され、人

が集まり、人の住める街」をテーマとしたまちづくりを進めている。また、東日本大震災を経験したことで、集団化の考え方の原点に立ち返ろうとする意識が組合員間で高まり、組合員支援事業を展開することによる一体性の維持強化を図っていくことが街づくりと並んで大きな課題となってきている。

2. 組合の対応

まずまちづくりについてみると、地区計画の策定・見直しと文化・芸術活動に対する支援などが柱となっている。

地区計画については、組合は2003年4月に「卸町地区まちづくり協議会」(注12)を立ち上げ、同協議会を中心に仙台市と議論を重ねた結果2008年6月に市議会において「卸町地区計画」が承認され条例化された。(注13) これにより卸町地区はこれまでの流通業務を中心としながらも、商業・文化・居住等の新しい機能の集積を誘導し、賑わいのある新しい複合市街地の形成を図るとともに、けやきをはじめとする並木と建築物の形態や意匠の調和などにも配慮した良好な環境とすぐれた景観を有する魅力ある街並みの形成を目指すとしている。さらに、震災後は「復興から創造の街へ」を合言葉に地区計画の見直しが進められ、2014年6月には上記の地区計画が一部変更(条例化)され、新駅「卸町」周辺地区については、住居及び一定面積以下の劇場、映画館、事務所、観覧場、飲食店等の立地が許容されるようになった。(注14) 組合は、地区計画をベースにタウンマネジメントの手法を取り入れて団地を含めた周辺地域を横断的・総合的に管理・運営することで街の魅力をさらに高めていきたいと考えている。

文化・芸術活動に対する支援については、２００２年に団地内に「演劇工房10－ＢＯＸ」がオープンし、演劇分野の新しい拠点となった。続いて２００４年に音楽練習施設「音楽工房ＭＯＸ」が設置され年間１万人以上が利用する音楽発信拠点となっている。さらに２０１１年には「能－ＢＯＸ」も誕生しこれらの文化施設が卸団地に新しい彩を添えている。こうした組合のまちづくりへの取組は対外的にも高く評価されている。(注15)そしてこのような文化・芸術活動に関する地域的な拡がりに呼応してクリエイティブ関連企業が団地内で活動を行うようになってきた。こうしたなか組合は、団地のクリエイティブ機能を強化するために組合会館内にクリエイターやアーティスト等が個別のオフィスルームを持ちながら、作業スペースや打ち合わせ、会議、交流スペース、ライブラリーを共有するクリエイティブ・シェア・オフィス「ＴＲＵＮＫ」を２０１０年に設置した。現在オフィスの会員数は35組42名に達しており、会員同士や会員と組合員のコラボレーションを誘発する拠点となることが期待されている。

なお、組合が地域貢献のために復興住宅（98戸）と組合事務局、コミュニティプラザ等との複合ビル「卸町コミュニティプラザ」（愛称：「ほるせ」）を建設したことは特筆に値する。そして当該ビルはコミュニティ、防災の拠点として新生「卸町」のシンボルとなっている。

次に組合員支援事業についてみると、組合は融資・補助金制度の斡旋などにより組合員の復旧・復興支援を継続していくことに加えてコンサルティングの強化にも力を入れている。組合では2016年1月にビジネスサポートセンターを設置し、組合員の経営相談は勿論のことメンタルヘルス対応等さまざまな相談に対応できる態勢を構築しつつある。

事例3　仙台印刷工業団地 協同組合ービジネスデザインセンターとして街を活性化ー

設立　1963年（落成1966年）　出資金　約7500万円
所在地　宮城県仙台市若林区　土地面積　約7万2600㎡
組合員　17（組合員従業員数約900名）　組合専従役職員　9名
業種　印刷11、製本4、印刷機械等部品製造1、出版1
主な共同事業　共同受注、駐車場、倉庫、金融、排水処理、食堂、インキュベーションマネジメント（FLight）、創業スクエア等

1．組合の課題

印刷業は地域に様々なネットワークを有しており、産業、文化、教育、市民活動と密接に関わっている。しかしながら従来型のビジネスモデルからなかなか抜け出せず、自らのドメイン（事業領域）を印刷物製造に限定してしまっている企業が多い。このままでは売上増加は見込めず、組合自体の地盤沈下も加速化していかざるを得ないであろう。このような認識の下、組合員の変革のために、1社単独ではなかなか持てないビジネスソリューション機能を組合として確立していくことで、顧客へのソリューション（課題解決）機能を強化していく必要性が高いと判断。また、ソリューション機能の強化とともに地下鉄東西線開通に伴って設置された「六丁の目」駅前にある組合所有の駐車場用地を活用したまちづくりへの取組も大きな課題となっ

てきている。

2．組合の対応

組合は地域産業を活性化するための拠点として、会館の中に「ビジネスデザインセンター」を整備し、組合事業として新たな機能強化を進めてきた。「ビジネスデザイン」とは、「マーケティング」を軸に、印刷業の強みである「デザイン」と「ものづくり」を融合することで、モノが売れる仕組みを構築していくことであり、これにより東北の産業活性化につなげていこうという取り組みである。その考え方を実現させていくためには、マーケティングやブランディングなどの専門性を持った人材の発掘・育成が不可欠であるが、そういった人材は地方都市では非常に少ないというのが現状である。組合ではまず2010年に仙台市からインキュベーションマネジメント事業を受託し、「FLight」事業をスタートさせ、(注16)次いで2012年には「創業スクエア」事業に着手した。

「FLight」事業は、創業間もない企業に対して入居スペースの提供と専門家による企業支援を実施するものである。現在は組合会館の2階を入居フロアとし、創業間もない5社が入居している。(注17)組合では、家賃を低額に設定して創業時の負担を軽くするだけでなく、入居者に対し定期的に専門のインキュベーションマネージャーによる経営の支援を行っている。

また、インキュベーション事業だけでは組合員との接点も少なく、組合員のメリットも少ないので、「FLight」を中心に組合員各社の研修の場（座学中心）と実践セッション（研修と企画コンペを複合化した仕組み）を提供している。「FLight」実践セッションはマーケティングの研修と組合員同士による公開コンペを組み合わせた非常に特徴的な学びの場である。参考までに同事業の事例を挙げると以下の通りである（図表Ⅳ－6）。組合は、仙台市内の様々な産業支援組織や大学とも連携協定を結んでおり、共同で創業支援や商品開発支援を行っている。連携先としては、東経連ビジネスセンター、公益財団法人仙台市産業振興事業団、東北工業大学などである。これらの団体とは、書類上の協定を結ぶだけではなく、組合から協定先への人材の派遣や共同プロジェクトの実施など、積極的な連携を行っている。

　また、2012年よりスタートした「創業スクエア」事業は、東北地域の創業や新商品開発などをハンズオン支援するものである。[注18] 当該事業のミッションは、東北の企業や個人事業主などをマーケティングとデザインの視点から支

（図表Ⅳ－6）FLight実践セッションにおける支援事例

業種、特色	・創業65年の製麺企業 ・からだにやさしい麺づくり	
課題	・打ち立ての蕎麦のおいしさを届けたいが、日持ちしない ・保存料を使用すると蕎麦の風味がなくなる ・パッケージに特徴がない ・ターゲット先が明確になっていない	
対応	2012/10	粉自体を温風殺菌してしまう「粉体殺菌製法」を岩手大学と共同開発
	2013/9	東経連ビジネスセンター支援認定によりマーケティング開始
	2013/11	団地にて「FLightマーケティング実践セッション」開催
	2013/12	6社5チームの提案から1社選定
	2014/1	Around40ミセスをターゲットとしたパッケージデザインに変更し、スーパーマーケットトレードショウに出店
	2014/3	2社と商談成立し、首都圏高級スーパーにて取扱開始。その後順次販路を拡大中

（注）東経連：東北経済連合会

援するることで、個別の経営相談をはじめ、支援チームによる集中支援、「スクエアアカデミー」というセミナー運営などを通して、東日本大震災からの東北の復興に貢献することを目標としている。(注19)

なお2015年12月に地下鉄東西線が開通し、印刷団地の目の前に「六丁の目」駅ができた。組合にとっては非常に大きなチャンスであり、従前より公共交通軸と組合事業の関連性を整理しながら戦略を練ってきた。それは、「人」と「情報」と「相談」が集まるエリアとして整備を進めていこうとするもので、様々な課題を抱える企業家などが「六丁の目に行けば悩んでいることを解決できるかもしれない」という期待を持ってもらえることが印刷団地のブランディングであり、その課題解決の力を持つことが「人」と「情報」を引き付け、それが組合員のビジネスチャンスにつながっていく循環を作ることで、各社の業態変革が進んでいく流れを構築していくことにつながるとみている。

また、組合では「六丁の目」駅前に組合が所有している土地の高度利用を検討している。この開発事業に積極的に取組むことが、組合の財政基盤強化につながってくる。ちなみに前述の協同組合仙台卸商センターと同様に、組合は仙台市からの要請を受けて駅前の土地の一部に復興公営住宅を建設し、仙台市に譲渡した(10階建115戸)。この事業により組合は被災者に対する貢献を果たすとともに、廃業・倒産組合員の跡地を有効活用することにも成功し、財務基盤の健全化を図ることができた。(注20)

組合は「ビジネスデザインセンター」事業を中核に組合のブランディング、組合員各社の競争力強化と新しい共同受注の形を作りながら、「ビジネスデザインセンター」事業と駅前開発事業のコラボレーションなども視野に入れたまちづくりの最先端モデルを構築することなどに結び付けていきたいと考えている。

事例4　高崎卸商社街　協同組合―団地が主体となり地区計画を策定―

設　立　1963年（落成1967年）　出資金　約4400万円
所在地　群馬県高崎市　土地面積　約38万7400㎡
組合員　107（組合員従業員数約1500名）　組合専従役職員　10名
業　種　卸売業（繊維25、食品27、生産・消費財55）
主な共同事業　共同施設（展示ホール・会議室・駐車場・倉庫・第2ビル）、販売促進、情報化、まちづくり、共同求人、教育訓練、労働保険事務、調査研究、福利厚生、防犯・環境整備、町内会運営等

1．組合の課題

2000年頃より厳しい経営環境を反映して組合員企業のなかには転廃業を余儀なくされるケースもみられるようになってきた。組合では団地内物件の購入者は卸売業者に限るという自主ルールを制定していたが、競売された土地にブティックホテル等の建築計画が持ち上がった。一方では、近隣にJRの新駅開業が確実視され(注21)、団地周辺では新駅開業を見据えた開発の動きも始まっていた。こうしたなか組合にとっては、団地及びその近隣地域の乱開発に歯止めをかけて秩序あるまちづくりを進めていくための「まちづくり事業」が重要課題となってきていた。

２．組合の対応

組合は、２０００年７月に「問屋町まちづくり研究会」を立ち上げ翌２００１年２月に新駅設置に伴うまちづくりの必要性や団地の小売業への開放などの規制緩和に触れるとともに、「組合として新しいまちづくりの基準を策定する」ことと「高崎市の副都心としての基盤整備を行なう」ことの２つの提言を高崎市に行った。その後組合は高崎市建設部都市計画課と議論を重ねて地区計画（都市計画法に基づく建物の用途制限）を練り、自主提案型の「高崎問屋町地区計画」を策定し、同計画は２００４年に高崎市の市議会で可決された（市条例として施行）。

地区計画を策定する目的は、団地を中心に高崎市の「副都心」にふさわしい街を形成するために、組合員脱退跡地の乱開発を防止するために建築物の用途制限、壁面位置の制限、建築物等の形態または意匠の制限等を設けることにあった。そして計画の策定により、風俗営業、戸建て住宅、ホテル・旅館、カラオケボックス等の団地内への侵入を防ぐことが可能となった。

一方、地域の活性化につながるとして飲食店や小売業、１階を商業施設とするマンションなどについては団地内への進出を認めた。この結果、条例施行後は、住宅設備会社のショールーム（５店舗）、コンビニエンスストア、小売量販店、飲食店や大学が開設されるなどにより新たな人の流れが生まれて、団地内の人通りが増加してきている。このように団地の魅力が高まってきており、組合員のビジネスチャンスが拡大してきている。(注22)

ちなみに通常の都市計画と異なり自主提案型であることから、地権者の２／３以上の同意が必要であったが結果的には87％の同意と高い支持を得た。これは、そもそも組合員の多くが同じ高崎市内で事業を行っていた卸売業者であることに加えて、「問屋町まちづくり研究会」のメンバーが議論を闘わせていく中で「一枚岩」になったことから、他の組合員にその総意を伝えることができたからではないかと思われる。

ところで２００４年の地区計画の策定からすでに10年が経過し、団地を取り巻く環境も変わってきている。こうしたなか２０１４年度から組合は行政、大学等とともに地域活性化のための新しい商業集積ゾーンを形成するうえでのビジョン構築（地区計画の見直し）の検討に着手している。常に世の中は動いており、変化のスピードは速くなってきていることから、自分たちの街の活力を維持・強化していくためには常に「新しいもの」を取り入れる一方で、街のイメージを損なう要素の侵入を許さないような制限を加えていくことを考えていく必要があるからである。

なお、組合は魅力あるまちづくりのために組合会館や展示会館などの共同施設や街路灯などをリニューアルし団地のハード面の充実を図るとともに、教育訓練事業、ＤＣＰ（District Continuity Plan：地域機能継続計画）の策定の研究等の防犯・環境整備事業、情報化事業などのソフト面の強化にも取り組んでいる。

事例5　有限責任事業組合　一戸町デマンド交通―わが国初のＬＬＰによる公共交通機関―

設　立　２００８年　　出資金　３０００万円
所在地　岩手県二戸郡一戸町
組合員　５（一戸町、タクシー3、バス1）　組合専従職員　３名
主な事業　一戸町におけるデマンド型交通（デマンド乗合タクシー(注23)）の運行

1．一戸町の現況

一戸町は岩手県内陸北部に位置し、丘陵地帯が大半を占めている。現在人口は約1万3千人で、過疎地域活性化特別措置法及び過疎地域自立促進特別措置法による過疎地域指定を受けている。人口の減少に伴い高齢化率も上昇し、現在約37％に達している。地形的な特徴は、町の中部や北部は沢沿いに小規模な集落が点在しており、路線バス等の効率的な運行の妨げ（町内を循環することが困難な地形）となっている。

2．公共交通についての課題と対応

町では地域住民の足を確保することを重視している。特に交通弱者といわれている高齢者のニーズに出来る限り応えるとともに、併せて中心市街地の商業施設（商店街やＳＣ等）への来客者増を図り、地域の活性化を図りたいと考えている。ただ、一方では路線バス利用者の減少

などによる補助金等の行政コストの削減が求められている。こうした課題の解決を図るために町では利用者の予約によるデマンド型交通システム（デマンド乗合タクシー）を導入することについて検討を開始した。

まず第一歩として2001年頃から勉強会を開始し、2003年と2005年にアンケート調査を実施するとともに、町内の交通業者と意見交換会を実施した。その後先進地の視察等も行いながら関係者宛ての説明や意見交換を続け、会合の回数は延べ44回を数えるに至った。そして2008年に、一戸町、地元タクシー事業者3社及びバス事業者1社計5者の出資によりLLPを設立し、デマンド乗合タクシー「いちのへ いくべ号」の運行を開始した。事業内容については、3名のオペレーターが電話により利用者から予約の受付を行い、組合員4社宛て配車を依頼（運行委託）し、各社がジャンボタクシー（定員10名）各1台、計4台を運行している。運行エリアは町内全域で、基本ダイヤが設定されている。(注24) なお運営については、組合員がLLP事業の競合先となることから、組合員の本業を尊重しつつ、組合員間の不公平感を抱かせないよう留意している。ちなみに地元業者間で営業区域が競合している場合は、運行エリアの調整が難しいが、一戸町の場合は、組合員のタクシー事業者3社の営業区域に重複エリアがなかったことから、調整が可能であった。

新システムをLLPによる運営とした主な理由は、①検討段階の2005年にLLP制度が創設され、有限責任性、内部自治による運営、構成員課税などの特徴が事業参加組合員の意向に合致したこと、②業者（組合員）間の公平性を保つ観点からも特定業者への委託が困難であったこと、③登記手続き等の事務負担が小さく、短時間で設立することができること、以上３点である。なお行政にとっても、既存の地元交通業者のノウハウを活用でき、町内全域をカバーする運行システムが導入できることや、行政が出資することで公共性が担保できるという点から、ＬＬＰにより運営するメリットは大きいと判断している。

３．新システム導入効果と今後の課題

新システム導入により路線バス運行が困難な交通空白地帯が解消された。また、前述の通り町では高齢化が進んでいることもあり、「戸口から戸口へ」という運行形態は、高齢者等の交通弱者にとってメリットが大きい。実際の利用状況をみると、町中心部の商業施設、駅、病院、学校での乗降者が多く、主として買物、通院、通学に利用されており、高齢者の引きこもり防止につながっているとみられる。(注25)このようにＬＬＰは総合的にみて路線バス減便後の町民の足としてその機能を十分に発揮していると判断される。また今後少子化の影響による小中学校の統廃合が検討されており、デマンド乗合タクシーがスクールバスとしての機能を果たすことが期待されている。一方、参加組合員にとっては、ＬＬＰ事業は本業の収益機会の一部を奪うものの、車両の有効活用を図るとともに固定収入（運行委託料）を確保できるというメリットは大きい。

ただ、一戸町の人口減少のスピードが速いことから、[注26]デマンド乗合タクシーの利用者数は2010年度をピークに伸び悩んでいる。このため行政コスト面についてみると、バス路線の減便（2009年度）による補助金の削減効果はあるものの、LLPに対する運行委託費が新たに発生したことから、[注27]トータルでみると行政コストの削減までには至っていない。今後は新規利用者の掘り起こしによる稼働率の引き上げや新たな業務[注28]の受託などによる売上増などによりLLPの事業収支の改善を図っていくことが課題となってくる。なお、当然ながら町はLLPを「地域の足」として自立させるために、事業の採算改善に向けて積極的に取り組んでいく意向であり、将来的に安定した収益を確保できるようになれば株式会社に組織変更することを視野に入れている。[注29]

4．その他

朝夕の通勤・通学の時間帯は、輸送人員が膨らむことからデマンド乗合タクシーだけでは対応できず、当該時間帯に合わせた路線バスの維持は必要不可欠である。このように町の現状からみると、路線バスとデマンド乗合タクシーの両輪体制が現実的な公共交通体制とみられる。

4 事例からみた組合による地域活性化

第一に、団地組合についての４つの事例（事例１〜４）をみると、組合員に共通する目標や方向性を定めた活性化プランやまちづくり計画などを策定し、それを実行することが組合の存在感を高め、一体性の維持・強化につながっているとみられる。その内容をみるとハード、ソフトの両面で団地の「地域コミュニティ」としての価値を高めることを重視している（図表Ⅳ-７）。これは、団地設立当初のように組合員全員が参加を希望する共同事業を実施することが困難な状況になってきたために「事業協同組合」という属性だけに依存してその求心力を保つことが難しくなってきたことを物語っている。

まちづくりのプランの具体的な内容をみると、地区計画の策定、防災・防犯、環境の整備などは、団地内に留まらず近隣地域の企業や住民と連携をとりながら、団地を含めた「地域コミュニティ」機能の強化を図ろうとしている。また、ビジネススクールの開講により団地に地域の教育の場としての機能を付加するものや、東日本大震災の被災者を支援するために団地内の組合所有地を地公体に貸与し復興住宅を建設することで、地域に貢献しようとするものもある（注30）。このように団地という枠を越えて積極的に地域社会に関与し、地域全体の活性化を後押ししようとしている。

こうした取り組みがそのノウハウとともに団地組合の全国団体である全国工場団地協同組合連

合会、全国卸商業団地協同組合連合会などを通じて全国の団地組合に拡がっていくことが期待される。そのためには、まず事例でみた組合のように各々の団地組合が組合員に共通する目標や方向性を定める必要があり、普段から組合員間の意思の疎通が図れるような仕組みを構築していくことが重要であろう。

　また、組合の役割に対する期待の高まりとともに組合単独では解決できない課題も増えてきており、従来以上に行政や関係機関等と

（図表Ⅳ－7）組合ビジョン、まちづくり計画の概要

事例No.	事例先	活性化、まちづくりプラン	主な内容（計画を含む） 地区計画策定	施設再整備	防災防犯	環境	ビジネススクール	特徴
1	(協)青森総合卸センター	問屋町ブランド戦略		○	○	○	○	・東北の卸団地初のビジネススクール開講 ・金融事業を重視 ・団地内の下水道は青森市に移管済
2	(協)仙台卸商センター	卸町地区計画	○	○	○	○		・文化を発信するクリエイティブなまちづくり ・健康経営の啓蒙と推進 ・復興公営住宅複合ビル建設 ・「組合100年ビジョン」の策定検討
3	仙台印刷工業団地(協)	ビジネスデザインセンター		○				・創業、新商品開発、ブランディング支援 ・復興住宅建設…駅前の駐車場用地と復興公営住宅敷地部分(約2,500坪)について地区計画策定を経て用途変更（工業専用⇒近隣商業）を実施
4	高崎卸商社街(協)	高崎問屋町地区計画	○	○	○	○	○	・都市計画法の「都市計画提案制度」に基づき地区計画策定 ・組合が運営している「高崎問屋街職業訓練会」が教育事業を実施、2013年度より受講対象を県内企業に拡大

（注）本文で紹介していないものを含む

の連携を強化することがまちづくりを推進していくうえで重要なポイントとなってきている。このような協調体制を構築するために事例組合は関係機関に積極的に働きかけ日頃からコミュニケーションを密にし、相互理解を深めていく努力を続けている。今後地区計画の策定、「流通業務市街地の整備に関する法律」(注31)の緩和などについてはもちろんのこと、団地を含めた景観の整備や道路や下水道、汚水処理施設の行政への移管などについても、地域のバランスのとれた発展のために「組合の責任で取り組むべき課題」と「行政の責任で取り組むべき課題」に分けて組合と行政が相互に協力しながら地域の整備を進めていく必要があろう。

第二に、ＬＬＰの事例（事例５）では行政と地域の事業者が構成員となってデマンド乗合タクシーを運営している。主に中小企業が構成員となる従来の組合とは異なり、ＬＬＰでは多様な主体の連携が可能である。このため、構成員各々が有する強みを持ち寄って、地域の社会的課題の緩和・解決に貢献できることが分かる。

それぞれの地域の特性やステークホルダーの属性を反映して、取り組みのあり方も異なる、あるいは変化するが、組合を通じて中小企業が地域活性化に貢献するという役割は今後も重要であろう。

【注】

(1)　このほかに「貨物自動車ターミナル等集団化事業」、「倉庫等集団化事業」などが集団化事業に追加された。

(2) 広島県食品工業団地協同組合は、「都市計画提案制度」を活用して組合が主体となって地区計画を策定し、団地内の住宅・マンションの建設を制限している。
(3) 定義、原則については、1995年の「協同組合のアイデンティティに関するICA声明」による。
(4) 一般的に中小企業組合の場合は近接した地域内で事業活動を行っている場合が多いが、団地組合ほど集積密度は高くない。
(5) わが国のLLP制度は、英国、米国など海外の制度と相違点があることから、敢えて「日本版LLP制度」と呼ばれることがある。
(6) 過去10年間(2004~2013年度)に発生した跡地面積の24%は既存組合員が移転・買取、11%は既存組合員に賃貸、3%は既存組合員所有地と交換している。
(7) 常に携行できるように名刺サイズで作成し組合員に配布。
(8) 組合ではデザインを重視したVI(ビジュアル・アイデンティティー)と呼んでいる。
(9) 事例4「高崎卸商社街協同組合」参照。
(10) 時間あたり1500円程度。
(11) 第一種特別業務地区に指定され、卸売業関連施設以外の建築物の建築等については制限有り。
(12) 卸町地区内の企業・団体・個人で構成。
(13) 自主提案型の地区計画については事例4「高崎卸商社街協同組合」参照。
(14) ただし、建築協定により建築物は都市美を推進し、もって周辺の環境との調和を図るように努めなければならないと定められている。
(15) 2010年地域づくり総務大臣表彰・団体表彰を受賞、2011年地域活性化貢献組合啓発・普及事業「選定委員会特別優秀賞(全国中央会会長表彰)」受賞。
(16) 2009年度一次募集は協同組合仙台卸商センターが受託し前述の「TRUNK」が誕生、当組合は第二次募集に応募し受託。現在は組合の共同事業として自主財源で運営している。

(17) すべて印刷業とは関係のない業種。
(18) 仙台市の委託事業として実施。当初は仙台市が東北６県の産業振興のために設置した産業振興の拠点施設「東北ろっけんパーク」内に置かれたが、現在は団地内に移転している。
(19) 連携支援団体は、公益財団法人仙台市産業振興事業団、仙台商工会議所、東経連ビジネスセンター、とうほくあきんどでざいん塾、FLight、ＴＲＵＮＫ。
(20) 建物代金及び定期借地料（52年分）を仙台市より一括受領。
(21) ２００４年10月にＪＲ「高崎問屋町」駅が開業。
(22) ２００５年には「日本まちづくり大賞」、「まちづくり月間国土交通大臣表彰」をダブル受賞。
(23) デマンド交通とは、電話予約など利用者のニーズに応じて柔軟な運行を行う公共交通の一形態である。またデマンドタクシーとは乗車定員11人未満の車両で行う乗合型の旅客運送サービスをいう。なおデマンドタクシーを導入している市町村は２０１３年度時点で３１１。
(24) 運行日は月～金曜日の７：00～16：00（ただし土日祝日、８／13～16、12／29～１／３を除く）
(25) 副次的には、オペレーターによる親しみのある電話応対が、心の支えになっているという利用者（高齢者）からの声も寄せられている。
(26) 岩手県人口移動報告年報によれば、一戸町の人口は２００９年10月１日から２０１４年10月１日までの５年間に約１３００人減少している（減少率▲９・１％）。
(27) 一戸町（運行委託費）→ＬＬＰ→組合員４社（運行委託料）
(28) 例えば町役場の電話交換業務の受託等。
(29) ダイレクトに組織変更することができないことから、ＬＬＰを解散し新たに会社を設立する。
(30) 東日本大震災からすでに５年が経過したが、２０１６年４月14日現在全国の避難者等は１６万５０００人を数える。このなかで東北地方が１２万５０００人を占める（復興庁「全国の避難者等の数」２０１６年４月28日）。

(31) 一部の卸団地は同法4条の「流通業務地区」に立地しており、流通業務施設等以外の施設の建設については都道府県知事の許可が必要となる。

参考
欧州にみる地域活性化のための中小企業政策

日本と同様に欧州でも地域経済の活性化が喫緊の課題となっている。ＥＵ（欧州連合）は地域社会と経済の担い手である中小企業を競争力の源泉と位置付け、加盟国とともに中小企業政策を地域開発政策と一体的に展開している。本章では、ＥＵの中小企業政策の理念や具体的な内容を紹介するとともに、欧州の中でも特に先進的な中小企業政策を導入している英国に関して、起業の促進や地域活性化に関連する中小企業政策について言及した。

最後に、こうしたＥＵや英国の中小企業政策は日本にとってどういう点で参考になるのかをまとめた。

1　ＥＵの中小企業政策

ＥＵは、「中小企業優先（Think Small First.）」という中小企業政策の基本的な理念を導入しており、様々な政策に中小企業重視の姿勢を求める根拠としている。こうした政策を域内に展開するために2008年に欧州委員会（EC：EUを国とみなした場合の行政機関）が制定したのが、「欧州中小企業議定書」（SBA）である。SBAでは①金融へのアクセスの改善、②市場へのアクセスの改善、③規制環境の改善、という3つの課題が強調され、これに④起業家精神の醸成を加えた4つの課題への対応が政策の柱として認識されている。

上記の4つの課題に対するSBAの実効性を高めるために、2014年から2020年までを対象期間として展開されている政策の枠組みがCOSME(注1)（企業競争力と中小企業のためのEUプログラム）である（**図表　参-1**）。金融へのアクセスの改善については、各種の信用保証（ローン保証制度）による間接金融の促進やベンチャー企業（VB）への直接金融の制度（成長資本制度）等を設けている。市場へのアクセスの改善については、中小企業の支援組織のネットワークの構築や中小企業がEUの域内あるいは域外で知的財産権について相談することのできる窓口の設置を進めている。規制環境の改善については、域内での行政・規制上の負担の削減等を行っている。起業家精神の醸成については、

(図表　参-1) COSMEプログラムの主な項目

項　目	内　容
①金融への アクセスの改善	・ローン保証制度（直接保証、再保証） ・成長資本制度
②市場へのアクセスの改善（市場は、EU域内・域外両方）	EU域内外の市場機会活用のための支援策 ・欧州企業ネットワーク(中小企業の支援組織のネットワーク) ・Webツールへの資金づけ（域内での事業の情報提供、国際化支援の情報提供） ・知的財産権中小企業ヘルプデスク
③規制環境の改善	・行政上・規制上の負担の削減、他
④起業家精神の醸成	・起業家のための教育、メンタリング、指針・支援サービスの開発（ICTを活用した起業を重視）

（注）筆者作成

起業家のための教育、メンタリング、ガイドライン・支援サービスの開発を行っており、特にICT（情報通信技術）を活用した起業を重視している。

2 地域中小企業に関するEUの政策理念と実施体制

（1）EU結束政策

ECは加盟国内の地域における中小企業政策についてどのように捉えているのだろうか。

これを示しているのが、「EU地域政策」である。これは、「EU結束政策」とも呼ばれ、EU加盟国内の地域間の経済的、社会的な格差を縮小し、「社会的結束」（地域の住民が地域社会への帰属意識を紐帯として社会的・精神的に結びついた状態）を回復・維持・強化するために行われる公的投資の政策である。「EU地域政策」が「結束政策」とも呼ばれる背景には、経済状態が厳しい地域での雇用情勢の著しい悪化を原因として「社会的結束」の動揺が欧州で問題となっていることがある。地域経済の発展が社会的結束の前提となるため、「地域政策」と「結束政策」が同一視されているのである。

主要な政策ツールは、立ち遅れた地域を対象とする「構造基金」と「結束基金」であり、2007年に開始された。中小企業政策とかかわりの深い「構造基金」は、①「欧州地域開発基金（ERDF）」と②「欧州社会基金（ESF）」の2つの基金の総称である。

ＥＲＤＦは、研究・イノベーション、ＩＣＴ製品・サービスの開発、電子政府化、起業家精神（の醸成）、インキュベーターの開発、自営業者・創業の支援、立ち遅れた都市あるいは郊外の共同体の再構築の支援、社会的企業の支援に利用される（「社会的企業」については後述する。）。ＥＳＦは、地方の労働政策、教育、社会的企業や共同体主導の地方開発、及びこれらについての役割を担うステークホルダーの能力構築に利用される。構造基金、結束基金ともに２０１４年に２０２０年までを対象期間とする後継政策(注2)がスタートしているが、構造基金については当初に比べて投資対象を地域の中小企業に絞り込み、その他の基金と連動させており、地域開発政策と中小企業政策の一体化を従来以上に指向している。

（2）SBAの地域での意義・実施体制

ＥＣは、地域レベルでの中小企業の現代的な意義について以下のように論じている。従来型の地域政策では、インフラの整備、企業への投資補助、域外からの企業誘致が重視されていた（**図表参-2**）。しかし、近年の地域の発展は外部からの大企業の誘致ではなく、地域内部の潜在力の発揮によって達成されている。地域の既存企業の維持・発展もさることながら、ＶＢを含む新規創業の促進が地域政策の焦点としてますます重要になっている。地域の中小企業・ＶＢ発のイノベーションが地域全体とその住民に、ダイナミックで持続可能な経済発展をもたらす。しかし、絶え間のないイノベーションがもたらす製品サイクルの短期化に対応するために、中小企業は新製品の開発、従業員への切れ目のない訓練、熟練労働者の不足に対応しなければならなくなった。この結果、多様なステークホルダーが連携してシナジーを産み出しイノベーションを目指すべきとの認識が高まった。特に、①ステークホルダー間のネットワーク・産業クラスター、②①の中でのＶＢ等の新興企業の勃興、③既存中小企業での生涯学習を通じたスキルの更新、が重要性を増している（これらはＳＢＡの原則に含まれている）。

またＥＣは、こうした理念・認識に基づいて、ＳＢＡの実施体制をモデルとして提示している**（図表　参‐３）**。これは、目標設定から実行、モニタリングを経るＰＤＣＡサイクルである。このモデルを機能させるためには、各パートナー（ステークホルダー）が行政によって実行される施策の正統性と地域への貢献度を認識する必要がある。このため、パートナーは「対等」の立場で対話し、

（図表　参－２）地域での中小企業政策の重点の変化

従　来	現　在
・インフラの整備 ・企業への投資補助 ・域外からの企業誘致	・地域内の協力と統治プロセスを通じて、個々のアクターでは実現できないシナジーと付加価値をもたらす地域の環境の創出 ・VB、イノベーションと技術のための拠点群を伴う、地域の実情に即したインフラの整備 ・イノベーションを起こすためのR&D、技術移転、サイエンスパークに対する資金供給制度 ・ネットワークとクラスターの形成促進 ・個別の産業（に対する支援）だけでなく、スタートアップ段階と成長段階のVBを対象とする支援の制度化 ・中小企業での生涯学習・訓練の支援 ・地域のイノベーション政策におけるシステマティックな思考と行動の開発（企業、政治、科学の各界のアクター、及びその他のアクター〈技術移転機関、ネットワークとクラスター〉の間での協力の促進）。

（出所）EC, Regional implementation of the SBA : Guidebook Series How to support SME Policy from Structural Funds No.5(2014),http : //ec.europa.eu/enterprise/policies/sme/regional−sme−policies/documents/no.5_regional_imp_en.pdf

（注）筆者作成

行政の活動の限界を認識し、相互に協力することによって地域の発展を目指す必要がある。地域の多様なステークホルダーは「政治的に自立した市民（シチズン）」が具備すべき自治意識を基に、政府・自治体やその他のパートナーと協働することが必要であり、「行政に任せておけばよい」との「お上意識」は中小企業及び、中小企業を代表する団体にも許されない。ただ、「市民」として活動するためには経済的な自立が必要である。ＥＵは「経済的に自立した市民（ブルジョワ）」の育成の観点からも、起業家教育を重視している様子が窺われている。

（3）地域中小企業エンボイ

さらにＥＣが、この実施体制を円滑に推進するキープレーヤーとして制度化を推奨しているのが「地域中小企業エンボイ」である（「エンボイ」は「使節」の意味）。もともと、「中小企業エンボイ」は、２００１年にＥＣ内に置かれた「ＥＵ中小企業エンボイ」が嚆矢であり、

（図表　参－３）地域でのＳＢＡの実施体制

No.	項　目	内　容
①	地域の統治プロセスの公益と目標の決定	地域が、何を達成したいのかを明らかにする。
②	パートナーの決定	地域が何をしなければならないのかと、これを誰と達成することができるのかを明らかにする。
③	綱領(mission statement)の作成	地域はどのようにして目標を達成するのかを文書化し、パートナー間で意思統一する。
④	ネットワーク組織の構築	地域が目標を達成するために、どのパートナーのネットワークを組織化し、ステークホルダーが保有するどのような資源を利用しなければならないかを明らかにする。
⑤	ネットワークの運営	従来型の行政組織とは異なるネットワークが必要になる(注)。その上で政治的レベルでパートナー間の意見を調整する。
⑥	モニタリングの実施	何が機能しており、何が機能していないのかをモニターする。
⑦	「地域の統治プロセス内での地域中小企業エンボイ(the regional SME Envoy)の義務」については、図表　参-4に後述	

（出所）（図表　参－２）に同じ
（注）例：仮想的なネットワーク、特定のパートナーの事務所に設置する本部

主要な役割は①ＥＣと中小企業（及びその代表組織）の間でのコミュニケーションのチャネルの開設と②ＥＣ全体で中小企業の利益を促進し、「中小企業優先」の原則が確実に適用されるようにすることである。(注3) その後２００８年のＳＢＡの制定を契機として、主にＥＣと中小企業（及びその代表組織）の間での直接的な連携を構築するために、各加盟国で国レベルの中小企業エンボイが指名されており、ＥＵと加盟国のエンボイのネットワークが構築され、好事例の情報交換などが行われている。さらに、ＥＣは加盟国内の地域で中小企業政策を推進するために、フランスなどで先行して導入済みの「地域中小企業エンボイ」を加盟国の各地域が指名することを推奨している。地域中小企業エンボイには地方政府で重要な地位を占めている者が就任するこ

（図表　参－４）地域中小企業エンボイの義務

地域行政内部での役割		対外的役割
上級行政機関とのコミュニケーションの改善	自地域、加盟国、及び他地域のベスト・プラクティスの同定・コミュニケーション	（筆者注:より上級の）中小企業エンボイとの対話
国・地域の措置の中小企業に対する影響のモニタリング	地域の行政とより上級の行政の間の架橋	より幅広い共同体との情報交換・コミュニケーション
地域での「中小企業優先」原則の実行	地域中小企業の利益の保護	中小企業からの苦情・提案に対する集中場所（focal point）の提供と対応
中小企業にとっての政治的環境の改善のための提案・勧告	地域の行政間のネットワーク化	中小企業特有の関心事（例：金融へのアクセス）について、企業コミュニティからのフィードバックの収集
地域でのSBA原則の実施の評価	経験の共有のとりまとめ	プログラムとイニシアティブについての情報に対する中小企業のアクセスの促進
行政負担の削減（中小企業テスト（SME test）（注））		

（資料）（図表　参－２）に同じ
（注）「中小企業テスト」は、ＥＵ及び加盟国で一般化している規制影響評価（Regulatory Impact Assessment：ＲＩＡ）の一環であり、「中小企業優先」原則の実効性を担保するものである。具体的には、①影響を被りうる企業に関する事前アセスメント、②中小企業全般へのインパクトの測定（費用便益分析）、③悪影響の軽減方法の使用の三項目を柱としている

とによって正統性と能力を高め、中小企業政策と地域開発政策の一体的な運用とモニタリングを担うことを提案している（**図表　参・4**）。

ＥＣでは、このようにＣＯＳＭＥを中心とするＳＢＡの政策枠組みによって、国から地域への中小企業政策の浸透を目指している。浸透の度合いやパフォーマンスの確認は、地域中小企業エンボイによるモニタリングだけでなく、構造基金と結束基金の利用状況とパフォーマンスをＥＣがモニターすることによって行うことも企図されている。

（図表　参－５）労働人口に占める社会的企業の従事者数の比率（2009年）

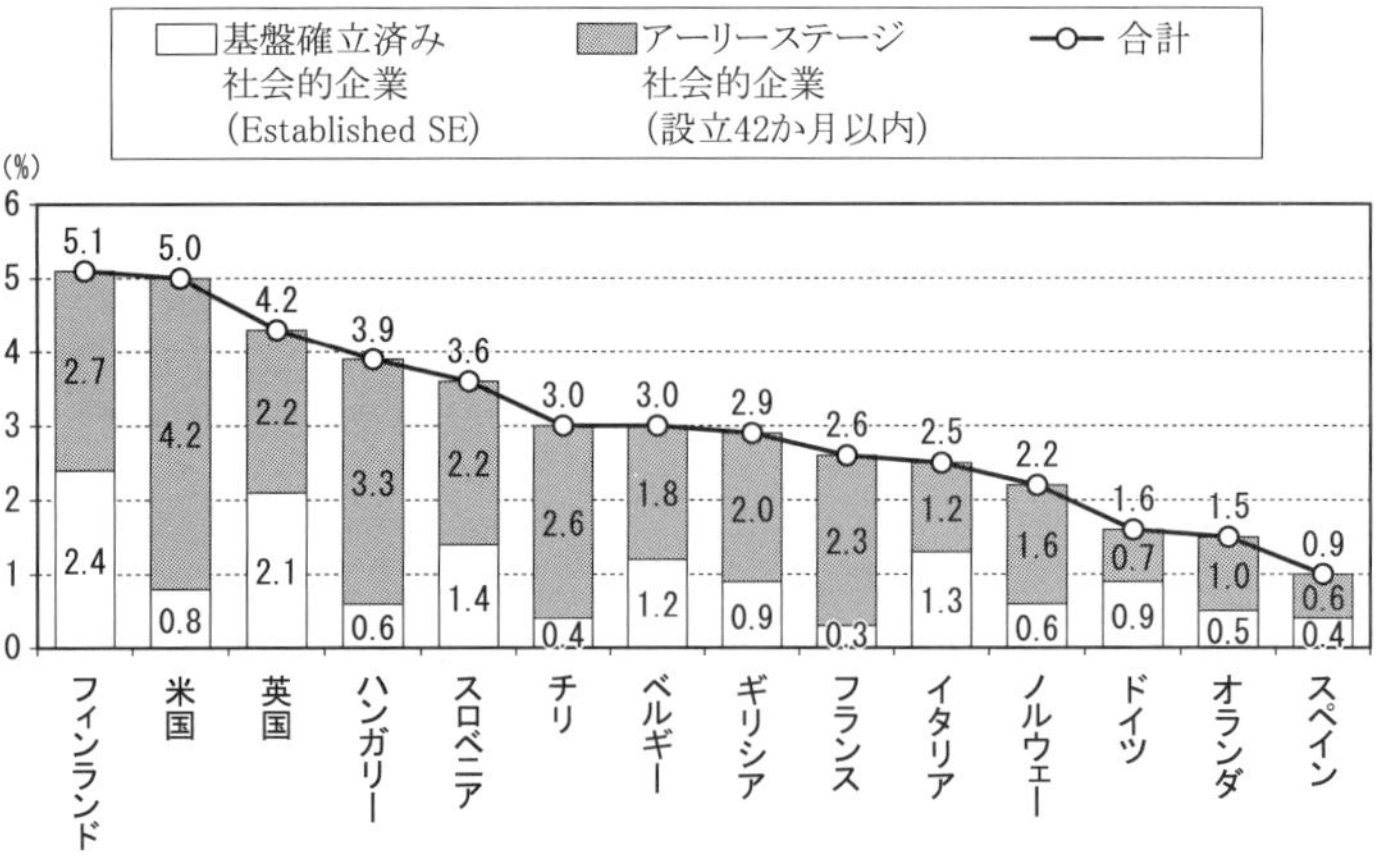

（出所）Terjesen, Siri=Jan Lepoutre=Rachida Justo=Niels Bosma ,Global Entrepreneurship Monitor Report on Social Entrepreneurship : Executive Summary(2011)at 7,http : //www.academia.edu/3483724/Global_Entrepreneurship_Monitor_Social_entrepreneurship_study

（注）・伝統的なＮＧＯと利潤目的と回答した社会的企業を含まない
・Global Entrepreneurship Monitorでは、設立42ヵ月超の企業を‘established business’と言う

(4) 地域の雇用に寄与する社会的企業

特に1990年代以降、欧州では「社会的企業」という地域活性化のために社会的課題の緩和・解消を主たる目的とする中小規模の企業が活動を活発化させており、労働人口に占める社会的企業の従事者数の比率は無視できないレベルに達し、雇用の創出に関して一定の役割を担っている（図表　参‐5）。加えて、社会的企業は地域において公的部門も民間部門も供給しにくい製・商品、サービスを提供している。OECD（経済協力開発機構）によると、このような地域の雇用や生産活動を通じて、地域の「社会的結束」にも寄与しつつ、地域経済の成長に貢献しているため、EUの政策支援の対象となっている。

3 英国の中小企業政策

(1) 起業・職業教育と関連政策

英国では、基盤確立済みの社会的企業の雇用に占めるウエートが主要先進国の中で最も高く（前掲図表　参‐5）、個人自営業を中心に中小企業の創業が着実に増加している（図表　参‐6、7）。以下では、起業活動の促進に関連する英国の中小企業政策の中で際立った特徴を有しているものを紹介する。

近年の中小企業政策の最大の特徴は、個人自営業の重視である。そのために、産業界の関与の

（図表　参－6）欧州主要国の新規創業数（2007年＝100）

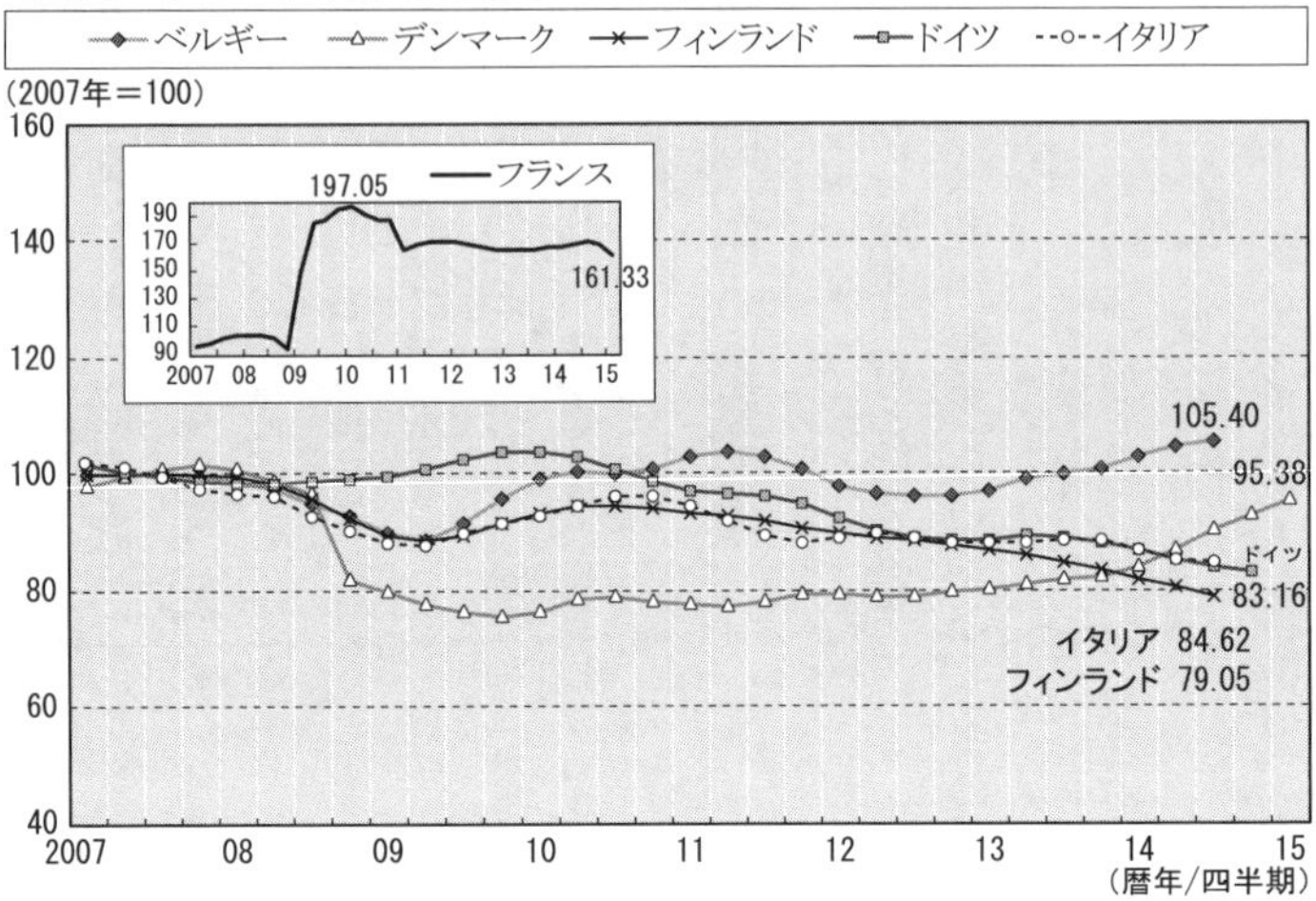

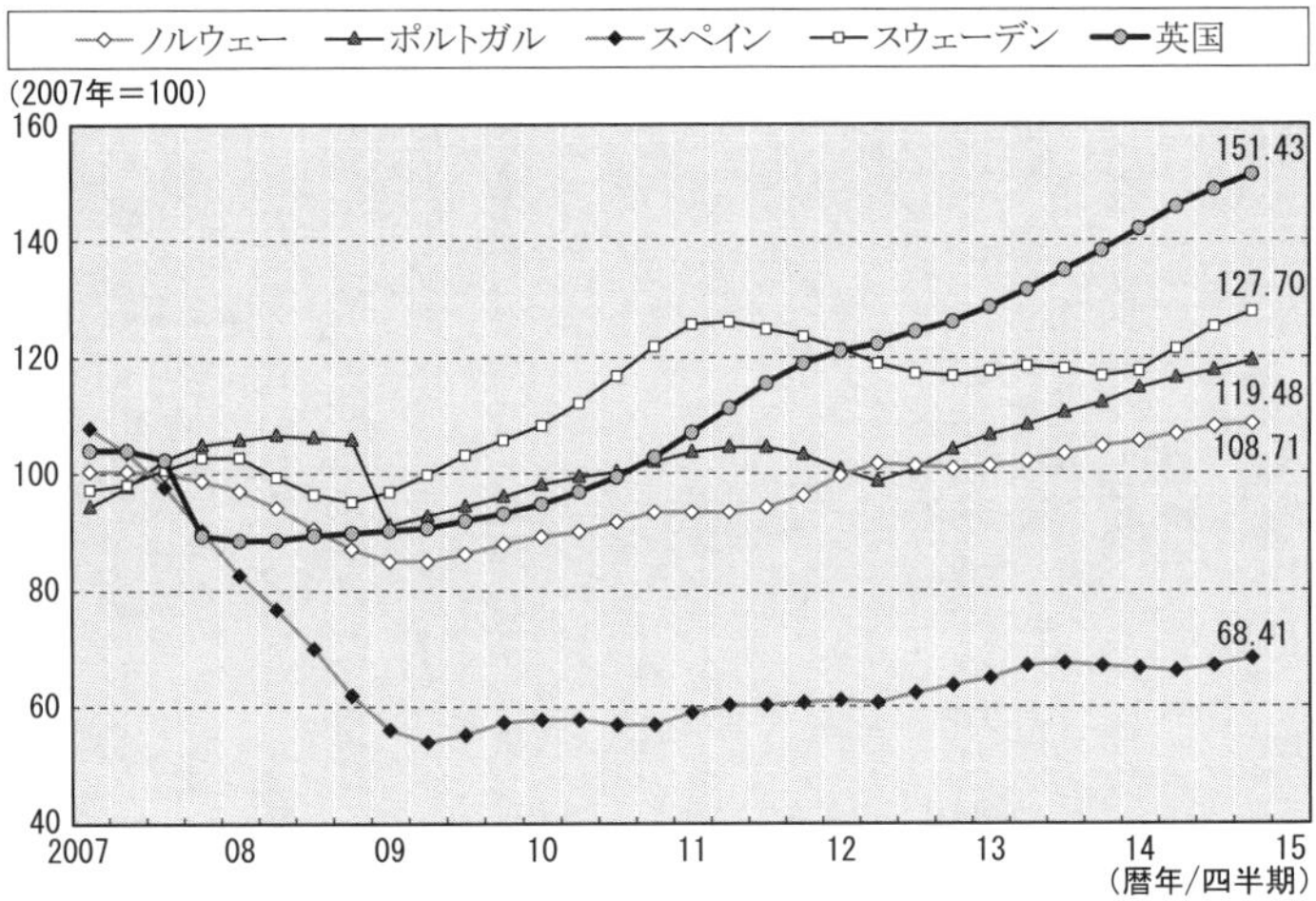

（出所）ＯＥＣＤ（2015），　Entrepreneurship at a Glance 2015, OECD Publishing, Paris.http://dx.doi.org/10.1787/entrepreneur_aag-2015-en

強化によって、学生に対して初等教育段階から起業家教育を制度化するだけでなく、学校関係者へのビジネス教育のスキル形成を通じて、教育の実効性の向上を目指している。また、ビジネス教育の履歴を個人毎に残す仕組みを構築しようとしている。これは、就職時のスキルに関連する情報授受のコストを引き下げる。加えて、ハイテクVBだけでなく「一般的な中小企業」が起業後に行う市場開拓にも寄与するだろう。なぜならば、当該中小企業の製・商品、サービスの購入を検討する者が、品質の裏付けとなるスキルを事前に評価しやすくなるからである。

　一方、構築途上のデータベースである「将来収入・エンプロイアビリティ

（図表　参－7）英国の従業員数規模別の企業数（2000年＝100）

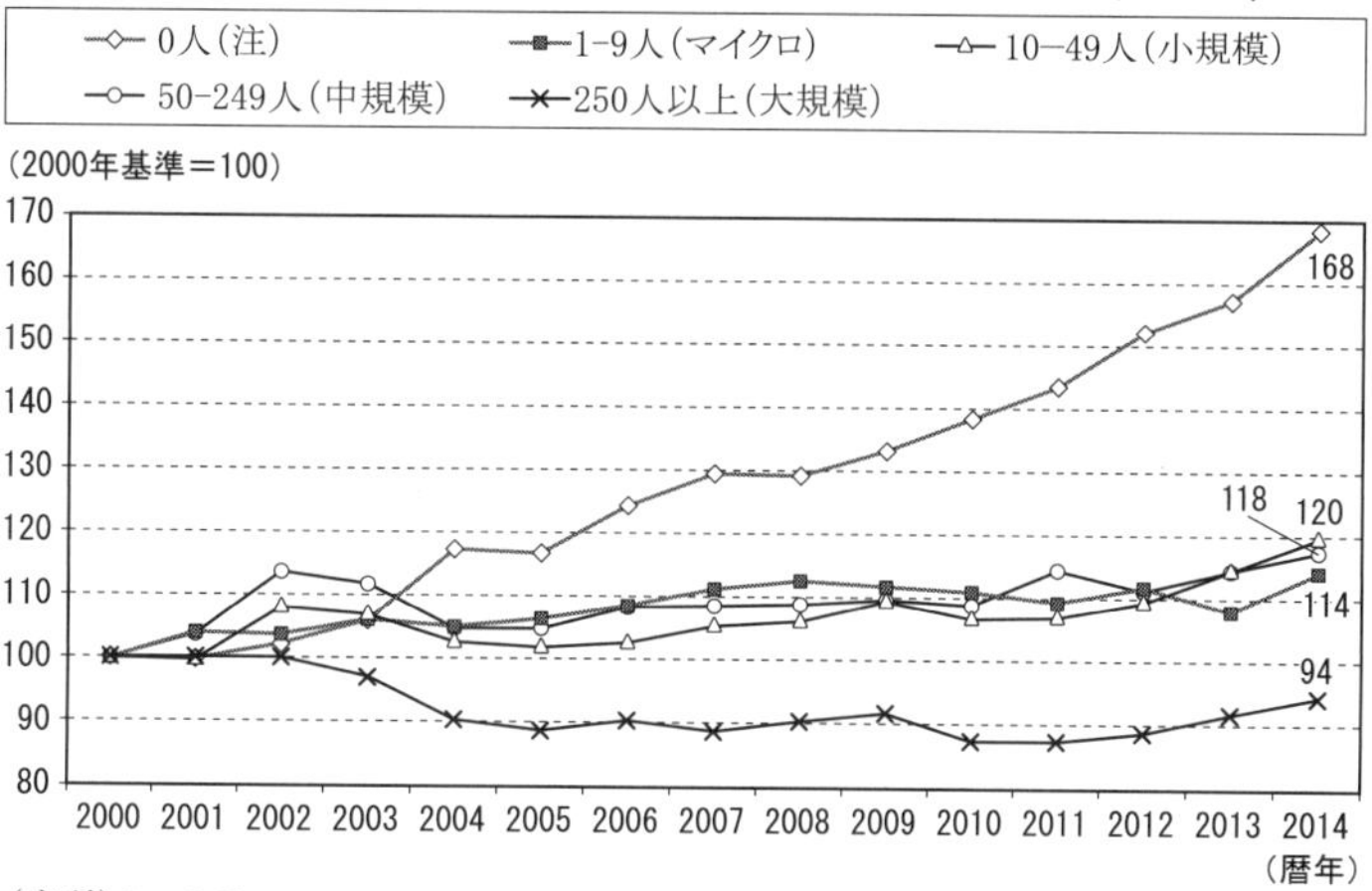

（出所）Lord Young ,THE REPORT ON SMALL FIRMS 2010-2015 BY THE PRIME MINISTER' S ADVISOR ON ENTERPRISE, February 2015
（資料）Department for Business, Innovation & Skills (BIS), Business Population Estimates for the UK and Regions 2014
（注）従業員数０人は、取締役のみの会社、従業員を雇用していない個人自営業者（sole proprietorships）と組合（partnership）

履歴」は、進学先を検討する学生向けのキャリアパスに関する情報の充実と労働市場の透明性向上のために、卒業した高等教育機関別に、職種別・地域別の収入の変化の履歴を10年間にわたって記録するものである。これを公表することによって、若者は自身の将来のための教育の選択肢とその決定に際して、将来の就職あるいは起業を視野に入れて、より適切な情報を入手することが可能になると期待されている。

(2) スタートアップ・ローン

スタートアップ・ローンは、創業24ヵ月までの個人事業主の資金需要を満たすための低金利（年利6％）の融資制度である（1人当たりの借入限度額は2万5千ポンド）。この制度の特徴は、融資だけでなく、起業前の起業家と創業・運営中の個人事業主へのメンタリング・支援を組み合わせていることである。この制度が創設された背景には、起業家や創業直後の個人自営業者は事業のアイデアを持っていても経営に必要なスキルが不足しているケースが少なくないため、民間銀行が個人自営業に対する融資に消極的なことがある。このため、英国政府は、事業経験の浅い起業家・個人自営業者に資金と経営スキルを同時に供給する仕組みとしてスタートアップ・ローンを開始したのである。

借入希望者は、政府系の英国ビジネス銀行（ＢＢＢ）[注4]の完全子会社によって運営されるスタートアップ・ローン・カンパニー（ＳＵＬCo）のＷｅｂに登録し、ＳＵＬCoと連携する自らの地域内のデリバリー・パートナー（注5）を選択し、借り入れ申込みのために必要となる申請書、ビジネス・プラン及びキャッシュフロー予測などの作成等について、指導とメンタリングを受ける。申請書類がＳＵＬＣoによって承認されると、政府によって調達される資金を基にして、デリバリー・パートナー、または、政府系の金融機関、あるいは資金調達が困難な個人を支援するＮＧＯによって融資が実行され、債務者はこれらの機関に返済する。指導とメンタリングは毎月の分割返済の際などに12ヵ月間行われる。また、債務者への経営支援の一環として、多数の提携会社の製品・サービスを低コストで購入することができる。

２０１５年の政府の報告によると、スタートアップ・ローンは2万5０００社に1億3１００万ポンドが貸し出され、3万3０００人の雇用を創出した。ＢＢＢのスタートアップ・ローンも含めて、英国では重層的・複合的な政策の効果によって、個人自営業を中心に中小企業の数が増加しており、経済成長にも寄与しているものと思われる（**図表　参-7**）。

(3)　地域中小企業政策の主体としてのＬＥＰs

ここからは、英国での地域活性化に関連の深い中小企業政策をみていく。具体的には、地域開発政策と中小企業政策を一体的に展開するための主体としてのパートナーシップ（協力体）について述べる。

英国の中小企業政策の特徴をＥＵの政策理念と関連づけてみると、①地域開発政策との一体化、

②多様なステークホルダーとの連携、③ＩＣＴの活用を通じた起業の促進、④社会的企業の役割の認識等、多くの点で、ＥＵの政策と同様の理念や体系に基づいていることが分かる。例えば、ＥＵが推奨している地域中小企業エンボイは公的部門（地方政府）のキーパーソンが担い、多様なステークホルダーの結節点となり、地域開発の戦略や利害の調整を行うことが想定されている。英国のイングランドでは２０１０年代に、地域開発政策と中小企業政策を一体化する政策を民間主導のLocal Enterprise Partnerships（ＬＥＰs）で実施する体制を構築した。(注6) ＬＥＰsは、「地方における（Local）」「企業家精神（Enterprise）」を活性化し経済開発を促進するための産学官民が連携した「協力体（Partnership）」である。

中央政府はＬＥＰsの統治体制を厳密には規定せず、中小企業を含む民間部門が主体となって地域開発の戦略に創意工夫を採り入れることを企図した。そのため、ＬＥＰの運営委員会の議長は民間から選出され、委員の50％以上が民間から、残りは地方政府とその他の関連する公的機関から選出されることとした（大企業、中小企業、社会的企業、地方政府、大学等及び地方の公的機関によるパートナーシップが想定されていた）。また、特定の行政管轄による地域区分ではなく、経済的機能で地域を区分し、柔軟性を持たせる形で各地のＬＥＰを構築するように促した。

経済成長と継続的な雇用の確保のために民間部門の投資を支援することを目的とした「地域成長基金（ＲＧＦ）」から中小企業に資金を供給する場合、各地域のＬＥＰを経由しなければならない。ＲＧＦは中小企業が資本設備を購入する際の頭金部分を補助金として供与する。また、残額の融資を民間金融機関等から受ける際にＢＢＢの信用保証制度等を用いる。補助金と融資の併用で、中小企業の資本コストを引き下げるが、その設備に関連する雇用の創出と維持が条件となる。２０１４年の政府の報告によると、ＲＧＦを通じて5千社超の中小企業に3億ポンド超が供与され、４万人超の雇用の創出と10億ポンド弱の民間投資の誘発が企図されている。このように、ＬＥＰｓは地域で中小企業政策を展開するうえで重要な役割を担っている。

4　日本の参考になる欧州の中小企業政策

第一に、初等教育から高等教育の各段階にいたる、起業家教育の制度化が重要である。特に、教育者にビジネス教育のスキルを涵養するためには、産業界の関与が有効である。加えて、受けた教育の履歴を個人毎に認定する仕組みも構築すれば、創業したばかりの個人自営業のスキルがある程度明らかになるため、その自営業者から製・商品、サービスを購入することを検討する者にとって、リスクや不確実性の軽減にも寄与するだろう。

第二に、多様なステークホルダーの連携によって、地域開発政策に中小企業政策を統合することが重要である。現在、日本では、ほとんどの自治体が地方版総合戦略を策定した。しかし、自治体のビジネス感覚が当該地域の企業よりも優れている保証はない。このため、地域の民間企業や社会的企業の知見を戦略に取り込むことが重要である。さらに英国のＬＥＰｓからは、単一の自治体だけではなく、地域の経済的機能に適合した政策を複数の自治体が連携して実施することが重要な場合もあることが示唆されている。その意味では、第2章で言及した「企業立地促進法」の「基本計画」や「ブリッジ計画」、あるいは「広域計画」のように複数の自治体を共同で政策支援の対象とすることは重要な視点である。

第三に、社会的企業の意義について考える。EU域内では、資本主義経済には「社会全体に対する価値（societal value）」も求められるという欧州特有の理念がリーマンショック後に復権している。中小企業政策は経済政策としてだけではなく社会政策としての性格も帯びているが、過度に社会的側面を重視すると経済効率性が悪化する。このため、近年、欧州や英国では民間の活力を一層採り入れるために、多様なステークホルダーとの連携による地域開発政策と中小企業政策の一体化を一段と重視している。ここで強調したいのは、一体化された政策を実施する際にプレーヤーとして一翼を担っている社会的企業には協同組合が含まれることである。欧州の状況に照らすと、日本の中小企業が組織している各種の組合が担っている役割を再評価することが必要であろう。第4章でみたように、多くの組合が、産業の活性化だけでなく、人材（＝人財）の育成、街づくり、公共交通機能の維持といった様々な社会的課題の緩和・解決に寄与し、地域活性化に大きく貢献しているからである。

【注】

(1) the EU programme for the Competitiveness of Enterprises and Small and Medium-sized Enterprises (SMEs)

(2) EUは、2014年1月から構造基金（①と②）と③結束基金に、④農業地帯の開発のためのEAFRD (European Agricultural Fund for Rural Development)、と⑤海事・漁業部門の開発のためのEMFF (European Maritime and Fisheries Fund) の2種類の基金を含めて、ESIF (European Structural and Investment Funds) という名称で、地域開発のための資金供給に対する政策枠組みを一本化している（大まかな区分は、①、②は中小企業、③はインフラ整備、④は農業、⑤は海事・漁業が対象）。

(3) 当初は単に「中小企業エンボイ」と呼称されていた。

(4) BBB (British Business Bank) は、中小企業金融の円滑化を目的として2013年7月に設立された公的金融機関である（政府が株式を100％保有）。BBBは持ち株会社であり、直接中小企業に対する貸付業務を行うことはない。BBBの目的は、民間部門のパートナー（銀行、リース会社、ベンチャーキャピタル、Webをベースとするプラットフォーム等）と連携して、パートナーが提供する、多様な金融商品を通じて、中小企業がライフサイクルに応じた資金にアクセスしやすくすることによって、中小企業金融の市場構造を変革し、市場をより効率的かつ動態的に機能させることである。

(5) デリバリー・パートナーは、起業の支援機関や民間のCommunity Development Finance Institutions (CDFIs)。

(6) イングランド以外の地域の開発戦略を以下に示す。
①ウェールズ：〝People, Places, Future-The Wales Spatial Plan 2004〟
②北アイルランド：〝Regional Development Strategy for Northern Ireland (RDS)〟
③スコットランド：〝NATIONAL PLANNING FRAMEWORK FOR SCOTLAND (NPF)〟
（国土交通省Web「各国の国土政策の概要　英国（イングランド）の地域政策」より）

おわりに

本書では、地域経済の動向について分析した後、中小企業がそれぞれの地域で中心となって取り組んでいる地域活性化について、「産業クラスター」「中小サービス業の経営革新」「中小企業組合」という視点から、事例を交えながら紹介した。

第1章では、地域経済の生産・就業構造について分析した。名目県内総生産は1990年代半ば以降関東・中部を除き成長が止まっており、北海道・東北・近畿の低迷が目立つ。就業者数は1990年代半ばに各地域ともピークを迎え減少傾向が続いており、特に零細事業所の従業者の減少が著しい。当面はこうした傾向が続く見込みで、構成比の高いサービス業を中心に労働生産性の向上が求められるなか、産学官などの連携を推進し産業クラスターのような新しいタイプの集積を実現し、起業の促進などを図る必要があることを指摘した。

第2章では、新しいタイプの産業集積として注目されている産業クラスターについて、九州のシリコン・クラスターと新潟市のニューフードバレー特区を取り上げ、産学連携や農商工連携を通じて中小企業が自社の強みを生かして事業展開を進め、地域活性化に貢献している事例を紹介した。さらに、中国地方の支援機関が展開している事業を通じて、産業クラスターの発展にはクラスター・マネジメントが重要であることを指摘した。

おわりに

第3章では、日本経済において大きなウエートを占めるサービス産業は、地域の中小サービス業によって担われているとの問題意識に基づき、中小サービス業の経営革新に関して事例調査を行い経営のあり方を探った。この結果、ITの活用や現場の見える化、KPIの設定などによる生産性の向上、サービスの標準化や新たなサービスの提供による効率化と顧客満足度の両立、研修制度や教育システムの整備による人材の育成などが重要であることを指摘した。

第4章では、団地組合については地域コミュニティとしての魅力が高まれば、組合の求心力が強まり地域活性化にもつながるとの観点から、地区計画を作成した組合、ビジネススクールやビジネスデザインセンターを開設した組合の事例などを紹介した。また、新しい組織化の形態であるLLPについては、地域の社会的課題の解決を図るコミュニティビジネスを推進する手段として有効との観点から、公共交通機関の運営を行うLLPの事例を紹介した。

最後に参考として、中小企業政策と地域開発政策を一体的に展開しているEUの動向を紹介した。特に先進的である英国において実施されている起業の促進や地域活性化に関連する中小企業政策について詳述した。

本書で紹介したような、中小企業を中心とした地域活性化への取り組みは、全国各地で行われているものと思われる。こうした取り組みが次々に実を結び地域が活性化され、ひいては日本経済の持続的な発展に結びつくことが期待される。本書が地域活性化に向けての取り組みの一助となれば幸いである。

あとがき

本書は、4名により執筆されている。第1章を赤松健治調査研究室長が、第2章および参考を藤野洋主任研究員が、第3章を望月和明主任研究員（原稿執筆当時）が、第4章を筒井徹主任研究員が、それぞれ担当した。

既発表論文と本書の章の構成との関係は、以下の通りである。

第1章　赤松「地域経済の生産・就業構造と中小企業」（商工金融　平成28年1月号）
　　　　赤松「少子高齢化・人口減少と起業の担い手」（商工金融　平成28年9月号）
第2章　藤野「新しい産業集積としてのクラスターによる地域活性化」（商工金融　平成28年7月号）
第3章　望月「地域中小企業の経営革新」（商工金融　平成28年2号）
第4章　筒井「団地組合の新たな挑戦－地方創生に向けて－」（商工金融　平成27年7月号）
　　　　筒井「組織化の現状と新たな展開」（商工金融　平成28年8月号）
参　考　藤野「欧州における地域活性化のための中小企業政策」（商工金融　平成28年4月号）

なお、本書の作成にあたり、大幅な加筆、修正等を行った。また、本文中で参考とした文献等については、原論文の掲載誌「商工金融」を参照されたい。

中小企業が主役の地域活性化

2017年２月28日　初版発行
定価：本体1,429円＋税
編集・発行　一般財団法人　商工総合研究所
〒135－0042
東京都江東区木場５-11-17　商工中金深川ビル
ＴＥＬ　03（5620）1691（代表）
ＦＡＸ　03（5620）1697
ＵＲＬ　http://www.shokosoken.or.jp/
発　売　所　官報販売所
印　刷　所　三晃印刷株式会社

ISBN978-4-901731-25-6　C2034　￥1429E（再生紙使用）